Über die Autorin:

Britta Düsterhus wurde 1981 in Paderborn geboren. Nach dem Studium des Wirtschaftsingenieurwesens arbeitete sie mehr als zehn Jahre für renommierte Unternehmen in der freien Wirtschaft. Während einer Sinnkrise im Jahr 2016 ließ sie alles hinter sich und begab sich buchstäblich auf ihren eigenen Weg.

Britta Düsterhus

AUFBRUCH OHNE PFEFFERSPRAY

ALS ICH BEGANN, MEINEN WEG ZU GEHEN.

Anmerkung der Autorin:

Ich habe dieses Buch geschrieben, um Menschen Mut zu machen, sich aus Lebensumständen zu befreien, die ihnen nicht gut tun, und dem eigenen Weg zu vertrauen.
Ich habe dieses Buch *nicht* geschrieben, um mit Personen, die ich in diesem Buch erwähne, abzurechnen. Mir ist bewusst, dass ich zu jeder Zeit die Menschen angezogen habe, die mir das gespiegelt haben, was ich unbewusst über mich selbst geglaubt habe. Jede einzelne Person war ein wichtiger Begleiter auf meinem Weg und hat auf ihre Weise dazu beigetragen, dass ich aufwache und die Verantwortung für mich und mein Leben übernehme.
Um die Privatsphäre der in diesem Buch genannten Personen zu schützen, habe ich möglicherweise einige Namen geändert.

1. Auflage
Juli 2020

Lektorat: Anke Ernst
Korrektorat: Susanne Gaertner

Druck und Vertrieb: epubli
– ein Service der Neopubli GmbH, Berlin

Ich widme dieses Buch Lea und allen mutigen Menschen
da draußen, die bereit sind, ihren eigenen Weg zu gehen.

INHALT

PROLOG

Jeder Mensch trägt von Anfang an all die Samen in sich, die er in seinem Leben wachsen und gedeihen lassen kann, wenn er diese Welt betritt.

Jeder Baum und jede Blume braucht ihre Erde und jeder Fisch sein Wasser, um sich entfalten zu können. Und auch jeder Mensch braucht seine eigenen, natürlichen Lebensbedingungen.

Dies ist die Geschichte über meinen Aufbruch zu mir.

„Wenn ich keine Angst hätte, würde ich immer sagen, was ich denke, immer das tun, was ich aus tiefster Überzeugung will. Ich würde meinen Job an den Nagel hängen und mir eine Auszeit nehmen. Ich würde in dieser Auszeit reisen, und diese Reise als Möglichkeit nutzen, um zu wachsen, an den Herausforderungen, die mir auf dieser Reise begegnen. Ich würde neuen Menschen begegnen und mich ihnen öffnen. Ich würde meinen Horizont durch diese Begegnungen und Erfahrungen erweitern und mir dadurch ein Stück näherkommen. Vermutlich sogar ein großes Stück näher. Ich würde viele wertvolle Bücher lesen in dieser Zeit. Ich würde über meine Erfahrungen berichten und darüber schreiben."

Eintrag aus meinem Tagebuch, Oktober 2015

DIE ANDEREN UND ICH

Ich war nie wie die anderen. Doch ich strengte mich an. 35 Jahre lang.

Als Kind saß ich manchmal in der Küche vor unserer grünblauen Blümchentapete und fragte mich, ob die anderen die gleichen Blümchen sehen wie ich. Ob das Grün, das ich sehe, auch die anderen sehen und ob das Waschbecken für sie das gleiche ist wie für mich?
An anderen Tagen versuchte ich mir vorzustellen, wie es dort aussieht, wo das Universum endet. Ich strengte mich dabei so furchtbar an, dass mein Kopf jedes Mal zu schmerzen begann.

Ich war das einzige Mädchen zwischen einer Horde Jungs im Handballverein. Meine Nachmittage verbrachte ich meistens mit den Jungs von nebenan.
Wenn wir nicht auf dem Bolzplatz waren, bauten wir Buden aus Brettern, kletterten auf Bäume, machten Lagerfeuer und kamen erst mit der Dunkelheit heim.

Als Teenager war ich mit meinen Eltern und meiner Freundin Jule in Italien. Wir lernten zwei Jungs kennen und trafen uns mit ihnen am Strand. Es war Abend.
Während Jule ausgelassen knutschte, saß ich befangen auf der Liege daneben. Der übrig gebliebene Junge saß neben mir. „Ti amo“, flüsterte er mir ins Ohr. „Das glaube ich dir nicht“, antwortete ich ihm, ohne ihn dabei anzusehen. „Du kennst mich gar nicht. Mach mir nichts vor.“

★★★

Das Zentrum unserer Familie war eine Autowerkstatt, die mein Opa nach dem Krieg gegründet hatte. Sie liegt rechts neben meinem Elternhaus. Rechts von ihr steht das Haus meiner Großeltern, mütterlicherseits.
Das Geräusch von Motoren und der Geruch von Schweißarbeiten waren lange mein Zuhause.
Das Ruckeln und Rauschen beim Autofahren wiegen mich auch heute noch schnell in den Schlaf.

Das Büro in der Werkstatt war ein wahrer Abenteuerspielplatz für mich. Ich mochte den Geruch von Papier, und Füller faszinierten mich. Stundenlang stöberte ich in den Schränken und grub immer neue Schätze aus.
Und wenn ich auf der Tastatur der silbernen Adler-Schreibmaschine meines Opas klimpern durfte, fühlte ich mich wie eine Königin.

★★★

Sobald ich meinen kleinen Kosmos verließ, war ich wie ein Baum ohne Wurzeln. Ein Baum ohne Wurzeln wird morsch und höhlt von innen aus. Dann nisten sich dort Tiere ein. Ein Baum ohne Wurzeln hat nicht genug Halt, um dem Sturm standzuhalten. Und die Krone bekommt zu wenig Nahrung, um sich voll zu entfalten.

Statt meinen eigenen Sprössling zu gießen, damit er Wurzeln schlagen konnte, ließ ich die Leben der anderen sprießen. Ich war die brave Tochter, die unkomplizierte Freundin, die loyale und fleißige Mitarbeiterin.
„Wenn es den anderen gut geht, dann geht es auch mir gut“, war mein Credo.

Wenn mein Vater seinen Geburtstag im Wohnzimmer feierte, stand ich freiwillig in der Küche und spülte die Gläser. Ich mähte den Rasen und verordnete mir selbst einen Putzjob in der Werkstatt, damit ich mein Taschengeld verdiente.

Ich war die, die alle liebten oder zumindest mochten. Nur eine, die liebte mich nicht. Und das war ich selber.

★★★

Ich male mit Wonne die drei Blüten aus, deren schwarze Umrisse auf weißem Papier vor mir liegen. Sehr sorgfältig habe ich meine aktuellen Lieblingsfarben ausgewählt. Sonntag ist Muttertag, und ich kann kaum erwarten, das Bild ihr zu geben. Sie wird sich riesig freuen!
Plötzlich fällt ein Schatten auf mein Papier, und die gerade noch so leuchtenden Blüten verdunkeln sich. Ich hebe meinen Kopf und sehe Frau Kornmann, die Kindergartenleiterin, die wie ein Wolkenkratzer aus New York über mir thront. Die Arme hat sie vor ihrem Brustkorb verschränkt. Ihre schwarzen langen Haare hängen ihr ins Gesicht, das nichts Gutes verspricht.
„Ich bin sehr enttäuscht von dir", ist alles, was sie sagt. Mir wird heiß vor Scham und ich kann ihren strengen Blick nicht halten. „Ich bin sehr enttäuscht von dir", hallt es in meinen Ohren.
Sechs Worte haben meine Welt binnen Sekunden zum Einsturz gebracht.
Reglos sitze ich da, zwischen den tobenden Kindern, und fühle mich so einsam und verlassen wie sonst nur in der Nacht.

Ich hatte die Vorgaben für ihre Farben überhört. Das würde mir nie wieder passieren. Von da an spitzte ich noch eifriger die Ohren, um das, was die anderen sagen, zu hören.

★★★

Er war ein vorlauter, sommersprossiger Junge mit einem breiten großen Mund und – einer buchstäblich dicken Lippe. Benni, unser Klassenanführer.
Ich erinnere mich nicht mehr, worum es ging. Jedenfalls tat ich nicht das, was er wollte, und das missfiel ihm.

Ich sollte dafür büßen. Ich hatte nie über meine Figur nachgedacht. Von da an bekam sie für lange Zeit die Hauptrolle in meinem Leben zugeteilt.
Ab sofort war ich die „fette Sau“. Erst war es nur der Klassenclown, der mich so nannte. Dann sein engstes Gefolge, und zuletzt auch meine beste Freundin. Tag für Tag hörte ich es aus ihren Mündern.

Mit jeder fetten Sau, die in meine Ohren drang, wurde mein Spiegelbild breiter.
Es kam der Tag, als ich vor dem Spiegel stand und das dickste Mädchen der Welt vor mir stehen sah. Wie konnte ich das nur all die Jahre übersehen haben?

★★★

Einmal saß ich mit meiner Mutter im Auto. Sie bat mich, in die Apotheke auf der gegenüberliegenden Straßenseite zu gehen. Ich sollte dort etwas für sie kaufen, während sie andere Besorgungen machte.

Das war eine Mutprobe für mich. Mit zitternden Knien überquerte ich die Straße. Alle Augen waren auf mich gerichtet, glaubte ich. Das dickste Mädchen der Welt.

Ich war so verängstigt von meinem Peiniger und seinem Gefolge, dass ich mich wehrlos ergab.
Meine Eltern, die spätestens etwas unternehmen wollten, als ich mit dem Abdruck seiner Schuhsohle im Gesicht nach Hause kam, bettelte und flehte ich an: „Bitte, bitte haltet den Mund!“ Ich war doch selber schuld.
Ich hatte ihm die Gießkanne aus der Hand geschlagen, deren Inhalt er über mich gießen wollte.

Zu groß war die Angst vor den Konsequenzen. Wenn schon meine beste Freundin gegen mich war, wie sollte das noch enden? Außerdem konnte ich an Meike sehen, wie sinnlos es war, sich zu wehren.
„Ihhh, Meike stinkt!“, riefen wir, wenn sie morgens den Klassenraum betrat. Auch ich. Und das schon seit Jahren. Zu groß war die Angst, selbst Opfer dieses Spiels zu werden, und zu kränklich meine eigenen Wurzeln. Heute tut mir das aufrichtig leid.

★★★

Ich beschloss, mich zu fügen und zehn Kilo abzunehmen. Es kam der Tag, an dem ich aufhörte, Süßigkeiten zu essen. Dann strich ich das Abendessen.
Der Hunger und die Waage wurden zu treuen Begleitern. Mit leerem Magen ins Bett zu gehen, stimmte mich heiter. Ich wurde gelobt für meine neue Figur. „Hübsch siehst du aus, so schlank!“ Das spornte mich weiter an.

Ein paar Kilo waren noch drin. Wenn ich am Wochenende viel Alkohol getrunken hatte, und das war nicht selten, schlang ich alles hinunter, was ich mir sonst verbot.
Schon in der Nacht, wenn ich nach Hause kam, nahm ich Abführmittel, damit bloß nichts davon auf meinen Hüften landete.

★★★

In der Schule lernte ich viel. Das Gleiche wie die anderen. Nur das, was ich damals wirklich brauchte, das blieb mir vorenthalten.
Wie ich mit solch psychischem Missbrauch umgehen konnte, und dass ich wertvoll war, so wie ich war. Dass ich gut zuhören konnte und immer spürte, wie es den anderen ging.
Dass ich Dinge sah, die die anderen nicht sahen, weil sie mit Reden beschäftigt waren.

„Du bist zu ruhig" ist das, woran ich mich erinnere, wenn ich an meinen Deutschlehrer denke. Er riet mir davon ab, aufs Gymnasium zu gehen. „Du bist ein Chamäleon", sagte er dann noch zu mir.
Er mochte keine Chamäleons, der Papagei war sein Lieblingstier.

★★★

Nach der zehnten Klasse wechselte ich von der Realschule aufs Gymnasium und machte Abitur, als Jahrgangsbeste. Ich war wild entschlossen, den anderen zu beweisen, dass Chamäleons doch zu was taugen.

Stille Wasser sind tief. Tiefe Wasser müssen still sein, damit man bis auf den Grund schauen kann. Denn da liegen die wahren Schätze verborgen. Es sind kostbare Schätze, die unsere Welt gut gebrauchen kann.

Nach dem Abi wollte ich mich mit Reisen und Sprachen beschäftigen. Stewardess oder Europasekretärin wollte ich werden. Dann kam dieses Assessment-Center in einem weltweit führenden Unternehmen dazwischen.
Die Ausbilder dort schlugen mir vor, statt Europasekretärin lieber IT-Systemkauffrau zu werden. Die Jobaussichten seien gut und bei DEN Noten…! Außerdem sei ich nicht ausreichend eloquent für eine Europasekretärin. Ich sagte „Ja". Die Sicherheit zählte.

Nach der Ausbildung wollte ich BWL studieren. Die Studienberatung meinte: „BWL studiert doch jeder. Mit Ihren Noten sollten Sie Wirtschaftsingenieurin werden.
Die Jobaussichten sind äußerst vielversprechend." Ich sagte „Also gut!".

Nach dem Studium landete ich in einem großen Logistikunternehmen. „Assistentin der Geschäftsbereichsleitung Vertrieb Nordeuropa" war mein neuer Titel.
In meinem ersten Meeting mit einem namhaften Süßigkeiten-Hersteller fiel das Thema auf IT-Schnittstellen.
Mein neuer Chef geriet sichtbar ins Rudern und half sich selbst aus der Patsche, indem er voller Überzeugung sagte: „Frau Düsterhus wird jetzt übernehmen."
Ich hatte keinen Schimmer. Wie auch, nach nur einer Woche im Unternehmen. Ein anderer Kollege übernahm für mich und überspielte die Situation mit Mühe.

Nach dem Meeting sprach niemand darüber. Mein Chef war ein Freund des Geschäftsführers.

Nach einer von vielen Umstrukturierungen im Unternehmen landete ich im Vertriebsinnendienst. Nun saß ich in einem Pool aus jungen Leuten, auf die die Außendienstler zugreifen konnten. Manchmal sogar im wahrsten Sinne des Wortes. Komplimente für „schöne Augen und Brüste" waren hier der Lohn.

★★★

Einmal saß ich in einem Personalgespräch und wurde von meiner Vor-Gesetzten (ein aufschlussreiches Wort) gefragt, ob ich eine kranke Mutter zu Hause hätte, die ich pflegen müsse. Weil ich in der Regel schon um 17:30 Uhr gehen wolle. Dass ich noch eine Stunde Weg vor mir hatte, störte sie nicht.
Die höchste Überstundenanzahl war die Messlatte. Ich war so baff, dass ich keinen Ton herausbrachte.

In einem anderen Personalgespräch erwähnte ich, dass ich noch mehr erreichen wolle. Dass ich gerne bereit sei, mehr Verantwortung zu übernehmen und mehr Geld zu verdienen. Ich sagte das, weil man das eben so machte. Dass ich mir das selbst nicht glaubte, stand nicht zur Debatte.

Statt mit mir darüber zu reden, wie ich mich weiterentwickeln könnte, meldete mich meine Vor-Gesetzte zu einem Auswahlverfahren für Nachwuchsführungskräfte an. Kurzfristig sei dort ein Platz frei geworden, und da könne

ich zeigen, was ich kann. Mich vorher zu fragen, kam ihr nicht in den Sinn. Ich fühlte mich unwohl bei dem Gedanken, doch das Wort „Nein“ war rar in meinem Wortschatz.
Zwei Tage später, es war das Pfingstwochenende, nahm ich in einem Seminarraum Platz. Jedem von uns wurde ein Beobachter zugewiesen. Er folgte uns wie unser Schatten und starrte uns drei Tage lang an, ohne eine Miene zu verziehen. Reden mit ihm war nicht erlaubt. Stattdessen machte er eifrig Notizen über unser Verhalten. Gepaart mit dem grellen Neonlicht des Raumes erfuhr ich hier hautnah, wie sich Laborratten fühlen müssen.

Abends bekamen wir Aufgaben für den nächsten Tag, die wir emsig vorbereiteten in der Nacht. Was zu kurz kam, war der Schlaf. „Vorbereitung auf die Führungsetage“ nannte man das.

Dann kam der Morgen, an dem jeder von uns einen Vortrag halten sollte. Zu einem unbekannten Thema, das uns vorgegeben wurde. Meines war „Matrixorganisation“, ich erinnere mich noch genau.
Die halbe Nacht hatte ich mit meinem Freund telefoniert. Ich war total blockiert, und er versuchte, mir zu diktieren, was ich am nächsten Morgen reden sollte. Dass das nicht klappen konnte, weil es nicht meine eigenen Worte waren, war vorprogrammiert. Völlig abgespannt stand ich da, vor all den Leuten und brachte keinen Ton hervor. Mir kamen die Tränen. Game Over.

An dem Abend, an dem der Workshop endete, feierte

mein Bruder seinen Geburtstag.
Ich sehe mich heute noch dastehen, zwischen all den tanzenden Menschen auf der Fläche, und spüre die Erschöpfung und Leere in mir.

Als ich ein paar Monate später mit starken Kopfschmerzen im Büro auf dem Teppich lag, die Beine in die Luft gestreckt und tanzende Discolichter hinter geschlossenen Lidern sah, wusste ich, dass es Zeit war zu gehen.

★★★

Ich lebte im Schatten der anderen. Selbst zu leuchten war mir fremd. Für mich waren die anderen die Stars. Ich hielt ihnen das Scheinwerferlicht, das mich blendete.

Meinen Mann Markus, einen eloquenten und charismatischen Typen, lernte ich mit 27 in einem Klub in Münster kennen. Eigentlich mag ich keine Klubs. An diesem Abend ging ich trotzdem hin. Um den Klub zu ertragen, trank ich viel. Und dann stand er plötzlich vor mir.

„Willst du'n Bier?", fragte er mich. „Ja", sagte ich.

An das, was wir dazwischen redeten, erinnere ich mich nicht.

„Kommst du noch mit zu mir?", fragte er, als ich gehen wollte. „Nein", sagte ich.

Er überhörte mein Nein und fragte nochmal.
„Nein", sagte ich. „Wir können uns auch ein Hotel nehmen.

Einfach nur so, um zu reden“, schlug er vor. „Nein“, sagte ich. Jetzt erst recht.

Er wurde wütend und ließ mich stehen. Am nächsten Morgen schrieb ich ihm eine SMS und entschuldigte mich für mein Benehmen.
Dieser selbstbewusste Kerl interessierte sich für mich. Wie konnte ich diese Chance vertun?
Das Skript für unser Beziehungsdrama war geschrieben, und die Hauptrollen vergeben.

★★★

Wir zogen in eine Altbauwohnung in Münster. 80 Quadratmeter, hohe Decken und eine alte Flügeltür, die Wohn- und Essbereich voneinander trennte.
Ein Balkon zum Innenhof, umrankt von Weintrauben und Goldregen. Ja, auf den ersten Blick lief alles blendend.

Doch ehe ich mich versah, lebte ich auf der Baustelle meines Mannes, auf der ich keine Weisungsbefugnis hatte. An gewöhnlichen Tagen waren die Tische mit kniehohen Stapeln aus unsortierten Blättern dekoriert, der Boden mit seiner Kleidung, nicht ausgepackten Koffern und heimatlosen Bildern verziert.
Ich kämpfte gegen lebende Müllberge, die ständig nachwuchsen. Manchmal nahm ich mir Urlaub, um heimlich den gröbsten Schutt zu beseitigen oder zumindest in den Schränken zu verstecken. Dieses Chaos drückte auf meine Seele.

Die Regeln, die hier galten, konnte ich einfach nicht ver-

stehen. Wenn ich etwas in die Biotonne warf, musste eine Lage Zewa-Papier folgen.
Das Handtuch hatte ein Vorne und Hinten, ein Oben und Unten. Es durfte nicht passieren, dass die Seite, mit der er seine Füße reinigte, sein Gesicht berührte.

Und dann war da noch die Sache mit seinen Bildern. Sie aufzuhängen war streng verboten.
Einmal tat ich es trotzdem. In einem günstigen Moment — er war nicht zu Hause — nagelte ich eines an die Wohnzimmerwand.
Seit Monaten hatte es auf dem Fußboden gestanden. Ich selbst besaß keine Bilder, obwohl ich die Vorstellung schön fand. Ich träumte von Bildern, die ich an einem sonnigen Tag auf einem Flohmarkt von einem alten, verrunzelten Herrn kaufte.
Doch jedes Mal, wenn ich vor einem Bild stand, das mir gefiel, dachte ich an die Meinung der anderen. Und dann wich die Freude meiner Unsicherheit, denn die anderen waren sich niemals einig. Spätestens auf der Baustelle wäre das Bild sowieso den strengen Kontrollen des Bauleiters zum Opfer gefallen.
So war es auch mit diesem Bild. Als ich abends ins Wohnzimmer kam, stand es wieder unten.

★★★

Zu oft sagte ich Ja und meinte Nein. Wie der Wert einer Aktie hing meiner von der Meinung der anderen ab.
Das Spiel war unberechenbar. Ich konnte nur verlieren. Und das tat ich. Mit jedem Ja, das ich sagte, und jedem Nein, das ich meinte, verlor ich ein Stück von mir.

„Jetzt ist es doch schon wieder viertel vor", bemerke ich, als ich das Auto starte, um erst meinen Mann und dann selbst zur Arbeit zu fahren. Am vergangenen Abend hatte ich ihn gebeten, dass wir dieses Mal pünktlich aufbrechen. Ich hatte ihm erklärt, wie viel Stress es mir bereitet, zu spät zur Arbeit zu kommen.
Zumal wir heute früher gehen wollen, um seine Familie in Freiburg zu besuchen. Jetzt war es 15 Minuten nach pünktlich. In einer Lautstärke, die ich niemals zuvor von einem Menschen erlebt hatte, ballert er mir „DU AAAAAAARSCHLOOOOCH!" um die Ohren.
Total benommen von der Gewaltigkeit dieser Worte schnalle ich mich ab, steige aus dem Wagen und taumele orientierungslos über die Straße. Als sei ich gerade frontal vor einen Baum gefahren, schnappe ich nach Luft und versuche, die Fassung zu bewahren.

Als ich mich beruhigt hatte, stieg ich wieder ein und fuhr ihn zur Arbeit. Nachmittags holte ich ihn von der Arbeit ab und fuhr mit ihm nach Freiburg.
Was ich wirklich wollte war, ihn mit einer Rakete dahin zu schießen, wo kein Pfeffer mehr wächst. Ich empfand Abscheu für ihn. Mit jedem Wutausbruch wurde er hässlicher in meinen Augen.
Doch anstatt ihm das zu sagen, hielt ich meinen Mund.
„Wenn du so eine Fresse ziehst, hättest du zu Hause bleiben sollen", war sein Kommentar auf mein Schweigen.
Er drohte mir, mich an der nächsten Abfahrt rauszuschmeißen. „Mach das", entgegnete ich ihm.
Dieses Mal fest entschlossen, sein Angebot anzunehmen.
Er nahm die nächste Ausfahrt und fuhr mich zum Frankfurter Bahnhof.

Als ich mich bereitmachte auszusteigen, bat er mich zu bleiben. Ich blieb und verlängerte mein Schweigen.

★★★

Wir sitzen an unserem weiß lackierten Wohnzimmertisch. Er hält mir eine Karte von Deutschland vor die Nase. Ich soll Kreuze machen an den Orten, an die ich ihm folgen würde. Egal wohin, Hauptsache weg aus Münster, ist seine Vorgabe. Der Rest liegt in meiner Hand, sagt er.

In der Woche, in der ich meinen neuen Job in Münster angefangen hatte, eröffnete er mir, dass er nun auch wechseln wolle. Er sei nicht mehr glücklich hier.
Mich traf der kalte Schlag. Mein Herz klopfte sogar in den Ohren, doch statt Wut fühlte ich nur die Ohnmacht in mir. Er war es gewesen, der mir vor einigen Monaten die Stellenanzeige für meinen neuen Job auf den Tisch gelegt hatte, mit den Worten. „Bewirb dich doch mal hier".

„Köln könnte ich mir vorstellen", sagte ich leise, während ich auf die Landkarte starrte. Doch da war es ihm zu dreckig.

★★★

Vier Jahre nach unserem ersten Treffen und zahlreiche Dramen später, stand er auf dem 70. Geburtstag seiner Mutter plötzlich auf der Bühne und fragte mich: „Heiraten wir?" Unter den Augen von Eltern, Schwestern, Schwägern, Onkel, Tanten, Nichten und Neffen sagte ich „Ja". Das leise „Nein" in mir konnte niemand hören.

Auch ich nicht.

Nach dem Antrag kamen seine Schwestern zu mir und fragten mich: „Bist du dir wirklich sicher?“ Ich sah den Ernst in ihren Augen, doch ich lachte. Ich wollte die Antwort nicht hören.

„Wenn du mich nicht bald heiratest, fange ich an, mich wieder umzuschauen“, hatte er mir einige Zeit zuvor erklärt. Das konnte ich gut verstehen.
Irgendetwas stimmte nicht mit mir. Ich hatte doch alles, was ich brauchte. Einen Job, eine schöne Wohnung und einen Mann, der mich heiraten wollte. Was wollte ich mehr?

★★★

Am Tag nach unserer standesamtlichen Hochzeit war ich müde. Ich war ganz furchtbar müde.
Es war ein goldener, warmer Septembertag. Wir fuhren in die Breisgauer Weinberge, um bunte Drachen mit unseren Nichten und Neffen steigen zu lassen. Ich sah die Farben, aber ich fühlte sie nicht. Ich wollte nur noch schlafen. Die kirchliche Trauung stand bevor.

★★★

Wir sind zurück in Münster. Ich bin alleine zu Hause. Wie ferngesteuert steige ich auf den Dachboden und inspiziere die Sachen, die wir hier aufbewahren.
Das meiste davon gehört meinem Mann, stelle ich erleichtert fest.

Anfangs noch zögerlich, beginne ich, jedes Stück meiner Sachen in die Hände zu nehmen und mich zu fragen, ob ich es noch brauchen werde. Dann sortiere ich meine Sachen in die eine, seine in die andere Ecke.

Zu seinen Dingen zählte ich auch die beachtliche Sammlung an Babysachen, die sich im Laufe der letzten Jahre angesammelt hatten. Alle Muster, die er bei seiner Arbeit als Einkäufer für die Babybranche abzweigen konnte, landeten in unserem Flur.
Immer wenn ich den Anblick nicht mehr ertragen konnte, schaffte ich sie auf unseren Dachboden.

Ich schiebe den Berg noch ein wenig weiter in seine Richtung.

ALS ICH BEGANN, MEINEN WEG ZU GEHEN

Als ich begann, meinen Weg zu gehen, fing ich an zu schreiben. Das Erste, was ich schrieb, war ein kleiner Zettel. Auf diesem Zettel stand, dass wir zu viel stritten. Über Dinge, die es nicht wert waren zu streiten. Dass wir über Themen stritten, die ich nicht verstand. Dass ich mich stets auf einem Minenfeld bewegte.
Ich wusste nie, welches Wort oder welcher Schritt zur nächsten Explosion führen könnte.

So richtig bewusst wurde mir das erst, als der Zettel vor mir lag. Erschrocken über meine Wahrheit, versteckte ich ihn in meinem Nachttischschrank und sah ihn lange Zeit nicht an. Das hielt die geschriebenen Worte nicht davon ab, ihre Wirkung zu entfalten.

Irgendwann fand er den Zettel und wurde sehr wütend. „Hör auf, so etwas zu schreiben“, befahl er mir. „Am Ende glaubst du noch deinen Worten.“ Auch er konnte die Wahrheit nicht ertragen.

★★★

Als ich begann, meinen Weg zu gehen, fiel ich tief. Trotz des Schmerzes fiel ich gerne. Es war wie ein Fall in die Freiheit. Beim Aufprall zerbarst die harte Kruste. Durch die Risse fiel das Licht.

Es ist Januar 2014. Ich stehe vor unserem Wohnzimmerfenster und schaue auf die schneebedeckte Straße. Viel kriege ich nicht mit von dem Treiben da unten.
Ich bewege mich zum nächsten Fenster, dann zum Sofa, setze mich für einen Moment, um kurz darauf wieder aufzustehen und in die Küche zu schleichen. So geht das schon den ganzen Morgen.

Das Telefon klingelt. Es ist mein Mann. Er hat Mittagspause und erkundigt sich nach mir. Er will mich beruhigen, will hören, dass es mir bessergeht. Will mir sagen, dass alles nicht so wild ist, und dass alles wieder gut wird.

Aber ich spüre, dass nichts mehr so wird, wie es war. Doch ich traue diesem Gefühl nicht, will es selbst nicht fühlen, geschweige denn es für wahr befinden.

Seit einiger Zeit spürte ich, wenn ich joggen ging, diesen Freiheitsdrang. Ich fühlte mich so ungewohnt kraftvoll und stark, wollte am liebsten weiterlaufen und nicht mehr zurückkommen. Diese Gedanken erschreckten mich. Sobald ich zu Hause ankam, klangen die Gefühle wieder ab. Ich war froh darüber.

Ich lasse den Haufen an Ratschlägen, die er für mich parat hat, geduldig auf mich einprasseln.
Ein wenig spazieren gehen, eine Thai-Massage im Studio

nebenan oder etwas Leckeres zu essen. Essen. Ich kann überhaupt nicht daran denken. Seit gestern Morgen ist mir furchtbar übel. Selbst bei Milchschnitte oder Pudding streikt mein Magen. Und das ist wirklich ungewöhnlich.
Ich kann mir nicht vorstellen, jemals wieder irgendetwas zu mir zu nehmen. Und ich kann, nein, vielmehr will ich mir nicht erklären, woran das liegt.
Ich kann auch nicht schlafen. Die ganze Nacht habe ich wach gelegen. Als hätte mir jemand Streichhölzer zwischen die Lider geklemmt. Wie ein überdrehtes Aufziehmännchen fühle ich mich. Rastlos. Ruhelos.
Ich weiß nicht, wohin mit mir. Ich suche nach beruhigenden Gedanken und Worten, an denen ich mich festhalten kann. Doch tief in mir drin weiß ich, dass es sie nicht gibt. Nichts wird mehr wie es war. Nie wieder.

Eine ganze Woche hielt dieser Zustand an. Ohne Essen, ohne Schlaf. Ich hatte mein Tiefstgewicht von 46 Kilo erreicht. Ein Teil von mir freute sich darüber. So schlank war ich noch nie.
Ein anderer Teil von mir fand meinen Zustand so besorgniserregend, dass er mir erlaubte, Hilfe zu holen. Ich musste jetzt handeln. Ich durfte mir jetzt Hilfe holen. Endlich!

Als ich vor der Therapeutin sitze, und sie mir eine Depression diagnostiziert, freut mich das fast. Jetzt habe ich es schwarz auf weiß! Leute, lasst mich in Ruhe! Ich bin krank! Ich darf mich jetzt um mich kümmern!

Insgeheim schwelte das Wissen in mir, dass mir kein An-

tidepressivum dieser Welt helfen würde.
Doch diese Ahnung schob ich beiseite, studierte fleißig die Symptome, machte Tests im Internet, die mich mal als mehr und mal als weniger depressiv einstuften, und entschied mich immer für die schwerwiegenderen Ergebnisse.
Ich wurde sogar ein wenig ärgerlich, wenn bei einem dieser blöden Tests herauskam, dass vielleicht alles nicht so dramatisch war.

Ich bin jetzt verdammt nochmal depressiv. Jetzt darf ich mich um mich kümmern statt um eine Riesenhochzeit, bei der sich mein Magen verknotet, wenn ich nur an sie denke. Ein Massenauflauf und ich mittendrin.
Im weißen Kleid, mit High Heels, in denen meine Füße furchtbar schmerzen, und dem Scheinwerferlicht auf mich gerichtet, den ganzen Tag. Und die ganze Nacht. Ich würde lächeln müssen von früh bis spät, und mit Menschen reden, deren Namen ich nicht kenne.
Eine Hochzeit, die bis in die frühen Morgenstunden geht. Obwohl ich diejenige bin, die um halb zehn gähnend auf dem Sofa sitzt und sich nichts sehnlicher wünscht, als ins Bett zu gehen.

Diesen Wunsch erfüllte ich mir auch sonst nur selten. Mein Mann hatte ja recht: Wir sehen uns schon den ganzen Tag nicht, und da sei es doch mehr als angebracht, wenn wir wenigstens den Abend auskosten und gemeinsam noch ein paar Stunden in die Röhre guckten.
In ein Programm, das mich in der Regel nur am Rande interessierte. Und so fokussierte mein Blick auch meistens genau dahin: Auf den Rand des Fernsehers und

manchmal sogar noch weiter nach rechts.
So saß ich Abend für Abend auf unserem schwarzen Sofa und starrte auf die weiße Wand. Ich tauchte in meine eigene Welt ab, und verlor mich in Gedanken.
Ich spülte meine Unzufriedenheit mit dem einen oder anderen Weinchen hinunter und wartete darauf, dass sie sich in dessen Säure auflösten. Das taten sie in der Regel auch. Bis zum nächsten Morgen.
Und dann war da dieser klitzekleine Streit an diesem ganz gewöhnlichen Morgen. Einzeln betrachtet nur einer von vielen. Vermutlich ging es um die Hochzeit, ich weiß es nicht mehr. Es war der letzte kleine Streit, der noch fehlte, um mich ins Fallen zu bringen. Ich bin unendlich dankbar dafür.

Der Mann, der Job, die Wohnung, die Stadt, in der ich lebte, waren meine Identität. Doch was war noch da, wenn nichts davon übrigblieb? Ein nacktes, verletzliches Mädchen ohne Integrität.

In dieser Zeit tauchte immer wieder ein Bild in mir auf.

Ich stehe vor dem hölzernen Gerüst eines hohen Hauses und spüre die Hitze der Flammen im Gesicht. Sie recken sich in den schwarzen Himmel, um alles niederzubrennen. Das Haus ist auf weißem, losem Sand gebaut.
Ich genieße den Anblick und die Hitze in meinem Gesicht. Tief in mir drin weiß ich, dass nun die Zeit für einen Neubau ist.

★★★

Es ist Samstag, später Nachmittag. Wir sitzen auf unserem schwarzen Sofa. Er links neben mir, vor uns der Fernseher. Die Sportschau läuft.
Ich schaue auf das Display meines Handys und schreibe SMS mit einem Freund. Ich spüre so viel Druck, muss meine Verzweiflung mit jemandem teilen.

Mit ihm konnte ich nicht reden. Weil es um ihn ging. Ich hatte Angst, dass er wieder explodiert.

„Ich weiß einfach nicht mehr weiter. Ich fühle mich wie in einem Labyrinth und sehe den Ausgang nicht mehr", tippe ich. „Egal, wie ich mich entscheide. Es wird katastrophal enden. Für uns beide."

Ich zog mich zurück, in die Badewanne, meine zweite Heimat in den letzten Tagen.
Meine Haut beschwerte sich, doch es war mein einziger Rückzugsort in dieser Wohnung. Mein Handy ließ ich auf dem Fernsehtisch liegen. Vielleicht war es mein Unterbewusstsein, das es so wollte.

Es kam, wie es kommen musste. Er nutzte die Zeit, um darin zu stöbern, während ich im Wasser nach Geborgenheit und Wärme suchte. Er hatte sicher schon etwas mitbekommen, spürte die Schwingungen, die uns immer weiter auseinandertrieben.

Er fand meine SMS und stellte mich nach meinem Bad zur Rede. Ich konnte nichts anderes, als meine Wahrheit zu sagen, an diesem Samstagabend:

„Ich weiß nicht ob ich dich liebe. Ich weiß es einfach nicht. Ich bin todunglücklich. Ich brauche Abstand."

Statt der Explosion folgte Stille.

Meine Wahrheit, sie ist ausgesprochen. Er kennt sie nun. Die Ehrlichkeit tut gut. Jetzt soll passieren, was passieren muss.

★★★

Ein paar Monate später zog ich aus und ließ ihn in seiner Baustelle zurück. Alles, was ich mitnahm, passte in meinen Corsa. Ich zog in die Wohnung einer Studentin, die sich gerade im Ausland befand.
Es sollte nur für ein paar Wochen sein, sagte ich mir. Ein Urlaub von der Baustelle, um zu mir zu kommen.
Einmal besuchte er mich dort. „Du wohnst in einem Loch", gab er sein ungefragtes Votum ab. Als er ging und ich die Haustür hinter ihm schloss, fühlte ich zum ersten Mal die Weite in mir.

Am nächsten Morgen, es war ein Sonntag, ging ich zum Bäcker. Auf dem Weg dorthin kam mir eine freundlich lächelnde Frau entgegen. Erst war ich irritiert. Dann begriff ich, dass es mein eigenes Lächeln war, das sie bloß erwiderte.

★★★

In die Baustelle sollte ich nie mehr zurückkehren. Nach dem „Loch" zog ich in ein weiteres Appartement, und

von dort in meine eigene Wohnung.
„Wenn du dir eine eigene Wohnung suchst, ist es endgültig vorbei", braust er mich an, als ich ihm erklären will, dass ich meine eigenen vier Wände brauche. Dann lässt er mich stehen und ich, ich lasse ihn erleichtert gehen.

Am Abend dieses Tages gab es ein großes Feuerwerk in Münster. Ich war mir sicher, es war für mich.

★★★

Am Tag nach dem Feuerwerk schrieb er mir eine E-Mail. „Es hat zwar den Anschein gemacht, als habe ich gestern Schluss gemacht, doch das stimmt nicht.
Die, die ich da gestern getroffen habe, das bist nicht du. Lass uns bitte nochmal reden." „Nein, ich will dich nicht mehr sehen", antwortete ich. „Es bleibt wie es ist."

Je öfter ich Nein sagte, desto besessener kämpfte er. Mit heimlichen Besuchen bei meinen Eltern und Geschenken für mein Patenkind, bei deren Übergabe er meinen Bruder an seine Aufgabe als Trauzeuge erinnerte, versuchte er, mich an sich zu binden.
Verzweifelte Briefe und unerwünschte Anrufe bis hin zur Belagerung meiner Gegend, in der ich nun wohnte. Ich lag ständig auf der Lauer und fing an, mich zu verstecken.

Als ich viele Monate später einen seiner Freunde auf einer Messe traf, fiel er aus allen Wolken. „Wie, ihr seid nicht mehr zusammen? Ich habe ihn doch gestern noch getroffen, und er hat mir vom Fußballgucken mit deinem Vater erzählt. Er hat sich gar nichts anmerken lassen."

Ich war wie benommen.
Erst, als wir ein Jahr nach der Trennung vor dem Scheidungsrichter saßen, und er offiziell das Ende unserer Ehe bekanntgab, fühlte ich mich wirklich frei.
„Wenn meine Frau das so will“, sagte Markus vor dem Richter. „Ja, ich will“, antwortete ich – dieses Mal aus tiefstem Herzen – und sah ihm dabei fest in seine flehenden Augen.

★★★

Jetzt hatte ich Zeit. Zeit für mich. Raum für all die Dinge, die ich schon so lange tun wollte.

Ich meldete mich zu einem Kurs im biografischen und kreativen Schreiben an. In der Hoffnung, dort zu lernen, kunstvolle Texte zu erschaffen.

Das lernte ich dort nicht. Stattdessen lernte ich viel über mich.

Der Kurs brachte meine Ängste und Glaubenssätze hervor. Schon Stunden vorher wurde ich unruhig und überlegte mir Strategien, wie ich mich vor dem Vorlesen drücken konnte. In den meisten Fällen gelang mir das. Dann allerdings warf ich mir vor, furchtbar feige zu sein.
Alle anderen konnten schreiben, nur ich gehörte nicht hierher. Und trotzdem besaß ich die Dreistigkeit, mich jeden Montag dazu zu gesellen.
Nach dem Kurs fühlte ich mich meistens mies und versprach mir, nie wieder hinzugehen. Doch ein leises Gefühl in mir, dass es sich auszahlen würde, nahm mich

jeden Montagabend an die Hand, setzte mich aufs Rad und fuhr mich dorthin.

★★★

An einem Wochenende besuchte ich meine Eltern. Beim Durchstöbern meiner Sachen fiel mir ein Aufgabenheft aus der vierten Klasse in die Hände.
Ich blätterte ein wenig durch die Seiten und blieb an einem Aufsatz hängen, den ich für den Deutschunterricht geschrieben hatte.
Erst konnte ich nicht glauben, dass das meine Handschrift war. So viel Fantasie auf einer Seite.
Plötzlich saß ich wieder im Unterricht, vor mir das Heft. Ich mochte, was ich geschrieben hatte, doch ich wagte nicht, es laut zu lesen. Meine Fantasie war ein sehr scheues Reh, das sich bei dem kleinsten unbekannten Knacksen in den Tiefen des Waldes versteckte.
Prüfungen, wie das Vorlesen vor der Klasse, glichen einer Waldrodung für sie.

Und dann erinnerte ich mich an jenen Elternsprechtag, an dem meine Klassenlehrerin zu meiner Mutter sagte: „Das Kind hat keine Fantasie." Ich saß daneben und glaubte ihr.

★★★

An einem der nächsten Kursabende brachte die Kursleiterin einen Korb mit. Er war gefüllt mit Obst und Gemüse. Sie schaute belustigt in unsere irritierten Gesichter und bat uns, die Augen zu schließen.

Jeder sollte ein Stück aus dem Korb nehmen. Sie gab uns fünf Minuten Zeit, um zu fühlen, zu riechen und zu hören, was wir in unseren Händen hielten. Anschließend forderte sie uns auf, die Augen zu öffnen und sofort mit dem Schreiben zu beginnen.

Und plötzlich floss es nur so aus mir heraus. Ich schrieb in kürzester Zeit eine Geschichte über eine Mango, die humorvoll und einfallsreich war.
Zum ersten Mal konnte ich es kaum abwarten, meine Geschichte vorzutragen.
In einer anderen Stunde stellte uns die Kursleiterin die Morgenseiten vor. In ihrem Buch *Der Weg des Künstlers* empfiehlt die Autorin Julia Cameron, direkt nach dem Aufwachen Papier und Stift in die Hand zu nehmen und einfach drauflos zu schreiben, ohne nachzudenken.
So überlisten wir unseren Verstand, der keine Zeit hat, uns seine Bedenken und Glaubenssätze in den Weg zu stellen. Die Zeit nach dem Aufwachen ist so gut geeignet, weil wir noch eng mit unserem Unterbewusstsein verbunden sind. Die vielen Reize, die im Laufe des Tages auf uns einprasseln, können diese Verbindung gewaltig stören.

Seit über vier Jahren schreibe ich nun täglich meine Morgenseiten. Sie gehören zu meinem Leben wie mein Kaffee und mein Frühstück.

★★★

Als ich begann, meinen Weg zu gehen, fing ich an, spazieren zu gehen. Nach der Arbeit ließ ich mich durch die Straßen von Münster treiben.
Auf jedem Spaziergang machte ich Entdeckungen, die mich zu frischen Gedanken anregten.
Es war, als spräche der Weg mit mir. Meist waren es Kleinigkeiten, die mich inspirierten. Ein ungewöhnlicher Straßenname, ein Graffiti an der Hauswand oder das nette Lächeln eines Passanten.

Erfüllt von den kleinen und großen Entdeckungen des Abends, saß ich auf meinem Balkon und hing meinen Gedanken nach.
Ich schaute in den Himmel, beobachtete den Mond und die Wolken, die langsam an ihm vorbeizogen. Und wenn sie ihn versteckten, dann schaute ich in das Flackern der Kerze neben mir auf meinem Tischchen. Ich genoss diese neue Stille so sehr. Ich genoss das Alleinsein mit mir. Nur ich und meine Gedanken.

★★★

Als ich begann, meinen Weg zu gehen, fing ich an zu lesen. Ich las Worte, die mir Halt gaben, die mir Mut und Hoffnung machten und mich inspirierten.
Jene Worte, die sich richtig anfühlten, schrieb ich auf und las sie wieder. Immer wieder. Ich schrieb sie und las sie und sprach sie laut aus. Ob im Auto oder beim Spazierengehen. Wenn die Zweifel und Ängste in mir hochkrochen, holte ich mein Büchlein heraus.
Ich begann langsam, das Geschriebene zu leben. Es wurde zu einem Kompass für meinen eigenen Weg.

„Ich liebe mich und ich akzeptiere mich so, wie ich bin – mit allem, was ich denke, fühle, sage und tue.

Ich vertraue meiner inneren Weisheit, dass sie mich führt, und dass ich jederzeit und überall beschützt bin.

Ich vertraue meinem Leben, dass es mir immer genau das bietet, was ich zu meiner bestmöglichen Entwicklung brauche, und dass alles, was ich gerade erlebe, meinem höchsten Wohl dient. Darum nehme ich alle Herausforderungen, die mir mein Leben bietet, voll und ganz an.

Jedes Ereignis ist eine Lernerfahrung für mich. Je mehr Erfahrungen ich mache, desto lebendiger fühle ich mich.

Alles, was ich brauche, kommt zur richtigen Zeit zu mir, und alles, was ich wissen muss, werde ich zur richtigen Zeit erfahren.

Ich sage meine Wahrheit – freundlich, aber voll und ganz. Ich lebe meine Wahrheit – sanft, aber konsequent. Ich ändere meine Wahrheit mühelos, wenn ich durch meine Erfahrung zu einer neuen Klarheit gelange.

Ich behandele meinen Körper sorgsam und liebevoll. Ich gebe ihm täglich frische, gesunde Nahrung. Ich schenke ihm ausreichend Schlaf. Ich versorge ihn täglich mit genügend frischer Luft, Bewegung und gönne ihm regelmäßige Ruhepausen.

Ich verdiene mein Geld mit Aufgaben und Dingen, die mir Freude, Freiheit, Energie und Erfüllung schenken, und die für mich und für die Welt einen wertvollen, positiven Beitrag leisten.

Ich bin geduldig und sanft – mit mir und meinen Mitmenschen.

Ich lasse Menschen, Dinge, Vorstellungen und Erwartungen los, die mir nicht mehr gut tun.
So mache ich Platz für die Menschen, Dinge und Vorstellungen, die wirklich zu mir passen.

Ich lebe mit diesen Menschen vertrauensvolle Beziehungen, die uns wachsen lassen.
Wir entwickeln uns gemeinsam, nebeneinander und doch jeder auf seine ureigene, persönliche Art und Weise weiter.

Ich bin unabhängig von der Meinung anderer

Menschen, denn ich allein kenne meine Wahrheit und nur ich spüre und fühle was mir guttut und was ich brauche, um erfüllt zu sein."

★★★

Als ich begann, meinen Weg zu gehen, fing ich an zu reisen. Alleine.
Erst reiste ich vier Tage an die Nordsee. Dann wanderte ich sechs Tage auf dem Hermannsweg und danach segelte ich sieben Tage um die Peloponnes. Auf jeder dieser Reisen schmeckte ich die Freiheit und kehrte verwandelt zurück.

„Du sieht so gut aus, Britta“, begrüßt mich meine Kollegin, als ich an meinem ersten Arbeitstag nach der Segeltour das Verwaltungsgebäude betrete. „Ich glaube, du bist nicht mehr lange hier.“

Sie sollte Recht behalten.

Auf dem Segelboot lernte ich Silvi kennen. Herr Zufall hatte uns in die gleiche Kajüte gebucht. Oder war es Frau Schicksal? Ohne es auszusprechen, waren wir uns einig: Diese Woche gehört uns!
Wir schlugen uns die lauen Sommernächte um die Ohren wie zwei verliebte Teenager. Wir redeten, lachten, tanzten und tranken.
Wir schliefen kaum und trotzdem konnte ich mich nicht erinnern, wann ich das letzte Mal so viel Energie gehabt hatte.

Im darauffolgenden Dezember besuchte ich Silvi in Hamburg. Dort fand ich die Antwort, die ich noch brauchte, um den nächsten Schritt zu gehen. Sie hing über ihrem Bett.

★★★

Es war Sonntagnachmittag. Es dämmerte bereits. Eingekuschelt in eine Decke lagen wir einfach da.
Auf Silvis schwarzem, schmiedeeisernen Bett. Das Fensterprogramm zeigte gräulichen Himmel und fliegende Blätter. Ein kleines Tischlicht erhellte das Zimmer.
Die erste Adventskerze flackerte auf dem Schreibtisch vor sich hin. Silvis gleichmäßigen Atemzüge verrieten, dass sie eingenickt war.
Im Hintergrund sang Tracy Chapman „She's got her ticket, I think she's gonna use it … ."

In einer Stunde geht mein Zug zurück nach Münster. Morgen ist Montag. Ein stromartiger Stoß durchfährt meinen Körper und explodiert in meinem Magen.
Ich will nicht zurück in dieses Flammeninferno. Keine Kraft mehr, den Feuerlöscher zu spielen. Aber vor allem keine Lust mehr.

Mein Blick wanderte durch ihr Zimmer. Eine Mischung aus Ikea- und Flohmarktmöbeln, gespickt mit dem ein oder anderen Schnickschnack aus Büchern, Modeaccessoires und Fotos hatten hier ein Zuhause gefunden. Der kalte Zigarettenrauch, von dem ihre beiden Mitbewohner täglich Nachschub produzierten, hing in der Luft. Gegenüber vom Bett, vor dem Fenster, stand ein massiver, alter Schreibtisch aus Eiche.
Bestimmt hatte er einige Geschichten zu erzählen. Verkehrslärm drang durch das gekippte Fenster. Rechts vom Fenster stand ein großer, zweitüriger Schrank, prall gefüllt. So viel Ballast.
Bleierne Schwere und das Bedürfnis zu flüchten vermischten sich in mir zu einer hellgrünen, giftigen Mixtur.

Sie dampfte und brodelte in meinem Magen und drohte überzuschäumen. An der Wand links vom Bett waren die Spuren eines Durchbruchs sichtbar, der zugemauert wurde. Davor stand eine Kommode.

Meine Augen wurden schwer und ich fing an zu dösen.

Plötzlich geht eine Flügeltür auf und gibt den Blick auf das Zimmer hinter dem Durchbruch frei. Eine Familie speist an einem langen Tisch aus dunklem Holz, der mit Meißner-Porzellan und Silberbesteck gedeckt ist.
Das Essbesteck klappert, die Menschen schweigen. Ein gewaltiger Kronleuchter wacht mittig über dem Tisch. Die Dame des Hauses trägt ein bodenlanges Kostüm aus moosgrünem Samt.
Ihr brünettes Haar hat sie zu einem Dutt gebunden. Eine lockige Strähne hängt seitlich heraus und nimmt der Frisur die Strenge. Ich kann ihr Gesicht nicht erkennen, sie hat mir den Rücken zugewandt. Als eine Gabel vom Tisch fällt und auf dem Holzboden aufkommt, zucke ich zusammen.

Ich öffnete meine Augen wieder. Mein Blick wanderte weiter und blieb diesmal an einem Poster hängen, das über Silvis Bett hing. Ich hatte es bisher nur flüchtig wahrgenommen. Das Poster bestand aus Text, nichts als Text. Schwarze Schrift auf weißem Hintergrund.
Eine Komposition aus Wörtern mit unterschiedlichen Schriftgrößen und Schriftarten. Leben, irgendwas mit Leben stand da. Genieße dein Leben oder so.
„Die üblichen Pseudo-Weisheiten", dachte ich und schloss meine Augen wieder.

Ich stehe auf einem Zehn-Meter-Turm. Meine rot lackierten Zehen berühren die äußerste Kante des Sprungbretts. Ich schwinge vorsichtig auf und ab. Ich blicke in die Tiefe. Nichts als Dunkelheit. Soll ich springen und in das Meer der Unsicherheiten eintauchen?
Oder dahin zurückgehen, wo ich herkomme? Mich weiter in Sicherheit wiegen. Will ich weiter in der Warteschleife meines Lebens verharren und auf meinen Aufruf warten? Werde ich mich nicht immer fragen, was passiert wäre, wenn ich gesprungen wäre? Oder werde ich eines Tages froh sein, nicht gesprungen zu sein?

Ich öffnete meine Augen. Über dem Bett hing das Poster. Ich begann zu lesen.

THIS IS YOUR LIFE.
DO WHAT YOU LOVE,
AND DO IT OFTEN.
IF YOU DON'T LIKE SOMETHING, CHANGE IT.
IF YOU DON'T LIKE YOUR JOB, QUIT.
IF YOU DON'T HAVE ENOUGH TIME, STOP WATCHING TV.
IF YOU ARE LOOKING FOR THE LOVE OF YOUR LIFE, STOP;
THEY WILL BE WAITING FOR YOU WHEN YOU
START DOING THINGS YOU LOVE.
STOP OVER ANALYZING,
LIFE IS SIMPLE.
ALL EMOTIONS ARE BEAUTIFUL.
WHEN YOU EAT, APPRECIATE
EVERY LAST BITE.
OPEN YOUR MIND, ARMS, AND HEART TO NEW THINGS
AND PEOPLE, WE ARE UNITED IN OUR DIFFERENCES.
ASK THE NEXT PERSON YOU SEE WHAT THEIR PASSION IS,
AND SHARE YOUR INSPIRING DREAM WITH THEM.
TRAVEL OFTEN; GETTING LOST WILL
HELP YOU FIND YOURSELF.
SOME OPPORTUNITIES ONLY COME ONCE, SEIZE THEM.
LIFE IS ABOUT THE PEOPLE YOU MEET, AND
THE THINGS YOU CREATE WITH THEM
SO GO OUT AND START CREATING.
LIFE IS SHORT.
LIVE YOUR DREAM
AND SHARE
YOUR PASSION.

THE HOLSTEE MANIFESTO © 2009 HOLSTEE.COM DESIGN BY RACHAEL BERESH

Und ich springe.

★★★

Als ich begann, meinen Weg zu gehen, weinte ich viele Tränen. Ich ließ sie geduldig fließen. Nach der Regenzeit klarte der Himmel auf, und die Wahrheit schien durch.

Ich hocke zusammengekauert und schluchzend auf dem Boden meines Wohnzimmers. Das Schluchzen ist heftiger als sonst.
„Ich muss los, ich muss los", flüstert es aus mir heraus. Immer wieder, immer schneller, es kommt aus tieferen Tiefen. Ich kann nichts dagegen tun. Als ob es nicht ich bin, die da spricht.
Die Tränen fließen meine von Wimperntusche verschmierten Wangen herunter und tropfen auf das Parkett.
Ich muss los. Immer und immer wieder, wie ein Schwall Erbrochenes, bricht es aus mir heraus. Ich muss los.
Aber wohin muss ich? Ich weiß es nicht. Was hat das zu bedeuten? Ein weiterer Weinkrampf folgt, um auch noch die letzte Flüssigkeit aus mir herauszupressen.
Ich muss los. Dann wird es still in mir. Ich stehe auf, atme durch und schleppe mich ins Bett.
Ungewaschen und noch in meiner Kleidung vom Tag, schlafe ich fest ein und wache am nächsten Morgen ausgeruht auf.

Die Sonne ging außergewöhnlich rot und groß auf an diesem Morgen. Mit einem roten Strom aus Rücklichtern floss ich stadtauswärts Richtung Arbeit.
Mein Atem hauchte weiße Schwaden in die Luft, während ich fröhlich vor mich hinpfiff. Ich fragte mich, woher diese Leichtigkeit kam.
Ich floss an einem Plakat mit Zigarettenwerbung vorbei. „Is freedom only a state of mind?", fragte es mich.

Bevor ich eine Antwort fand, parkte ich mein Auto vor der Tür der Zentrale und stapfte die Treppen zum Büro herauf. Wie jeden Morgen war meine Kollegin Anja längst da – und sichtlich stolz darauf.
Ich begrüßte sie ungewohnt elanvoll und schwang meine Tasche unter meinen Schreibtisch, der zu wackeln anfing. Dann drückte ich den Startknopf meines PCs. Und mit dem System fuhr die Klarheit hoch:

Ich kündige! Heute. Ich muss zum Chef. Sofort.

Erst vor einer Woche war ich bei ihm gewesen. Er wollte mich zur Qualitätsmanagerin machen.
Ich sollte ein Qualitätsmanagement für ein Unternehmen mit 700 Mitarbeitern aufbauen, so pries er es an.
Ohne Schulung, und scheinbar auch ohne Plan. Ich kannte ihn seit vier Jahren und ahnte schnell, dass das ein Auffangbecken für alles war, was sonst keine Heimat fand.
Also verlangte ich einen abgegrenzten Aufgabenbereich. „Wenn dir mein Vorschlag nicht gefällt, ist es wohl an der Zeit, dir etwas anderes zu suchen", war seine Antwort.

Ohne weiter zu überlegen, eile ich die Treppe herunter, klopfe an das Zimmer der Vorstandsassistentin und frage nach ihm, dem Inhaber.
Er sei heute nicht im Haus. Ich lasse mir einen Termin für den nächsten Tag geben und mache mich zum ersten Mal seit langem fröhlich an die Arbeit.

★★★

Ich habe gekündigt! Meine Rückenschmerzen, die mich seit Wochen quälten, sind weg.

★★★

Der erste Samstag nach meiner Kündigung. Eine neue Zeitrechnung brach an. Noch drei Monate musste ich durchhalten, dann war alles vorbei.
Die Anfangseuphorie verwandelte sich in Hysterie. Was hatte ich bloß getan? Innerhalb kürzester Zeit hatte ich die zweite Säule in meinem Leben zerbrochen.
War ich völlig im Wahn? In meiner Verzweiflung rief ich Mischa an. Mischa wusste immer, was zu tun ist. „Mischa kennt mich besser als ich mich selbst", scherzte ich oft. Und zu der Zeit glaubte ich das auch.

„Jetzt beruhig dich erstmal wieder. Geh mal vor die Tür. Setz dich in ein Café und beobachte die Leute. Hör ihnen zu, was sie sich erzählen", riet er mir.

Ok, das konnte nicht schaden. Ich zog mich an, packte meinen Laptop in den Rucksack und suchte mir einen gemütlichen Fensterplatz in der Röstbar um die Ecke. Nachdem eine Weile nichts Interessantes passiert war, holte ich enttäuscht meinen Laptop aus dem Rucksack und begann, meine wirren Ideen, Pläne und Gedanken in meinen Laptop zu tippen.

Zwei attraktive Damen betraten das Café. Um die 50 und sportlich gekleidet. Sie nahmen am Tisch direkt neben mir Platz. Unauffällig begutachtete ich meine neuen Nachbarinnen.

Mir gefiel der jugendliche Look der rotblonden Dame, die mir nun schräg gegenüber saß. Sie trug einen Jeansrock, hellgraue Strumpfhosen und knöchelhohe Sneaker. Darüber einen Strickpulli und eine Perlenkette.
Als die beiden anfingen, sich über ihren Lehrerinnenalltag auszutauschen, versank ich wieder in meine Notizen.
Ich spitzte erneut die Ohren, als ich einige Wortfetzen von der Frau neben mir aufnahm, die ich in meinem Laptop notierte:

Franziskusweg – von Canterbury bis nach irgendwo – kaum Leute, aber der Weg gut ausgeschildert – Natur pur – regelmäßiger Rhythmus – aufstehen, essen, laufen, schlafen, laufen. Sonst nichts.

„Das macht die Birne frei!", sagte sie dann noch.

Warum bin ich nicht selbst darauf gekommen? Spätestens seit Hape Kerkeling träumte ich davon. JETZT war die Zeit und JETZT die Gelegenheit!

★★★

Ich fing an zu recherchieren. 2.000 Kilometer von Canterbury in Südengland nach Rom sollte es gehen.
Schnell hatte ich alles organisiert. Flug gebucht, Pilgerführer bestellt und ausgiebig studiert.
Und Menschen angeschrieben, die ihn schon bezwungen hatten, diesen Weg.

Und dann kam ich an einem Morgen in mein Büro und fand einen Artikel auf meinem Schreibtisch.

Meine Kollegin Ulla hatte ihn zusammen mit einer Notiz auf meiner Tastatur platziert:

> „Hallo Britta,
> habe ich im Greenpeace-Magazin entdeckt. Vielleicht interessant für dich zur Vorbereitung und Einstimmung auf deine Reise?! (Macht jedenfalls Lust und Mut:))
> Lieben Gruß, Ulla."

„Das Glück ist dort, wo wir uns Zeit nehmen, es zu finden", lautete die Überschrift des Artikels.
Das machte mich neugierig. Ich begann zu lesen und konnte nicht mehr aufhören. Der Artikel handelte von zwei Männern, die sich für eine Woche im Harz „aussetzen" lassen hatten.
Sie liefen, ausgestattet mit dem Nötigsten, einfach los, ohne ein Ziel zu haben. Nun berichteten sie von ihren kuriosen Erlebnissen.

Bäm! DAS ist es! Das will ich auch!

Aber ich habe ja schon den Flug gebucht. Ich kann meinen Plan doch nicht einfach wieder ändern.

„Du hast dich doch längst entschieden", sagt Roberto zu mir, als ich am darauffolgenden Wochenende im Workshop „Ideentreibgut" sitze und ihm davon erzähle. Verdammt, er hat recht. Einzig mein Verstand ist es, der noch Widerstand leistet.

★★★

Ich würde also nicht nach England fliegen. Ich würde vor der Haustür starten und einfach loslaufen.
Ohne Plan. Ich wollte lernen, mir und dem Weg zu vertrauen, einen Schritt vor den nächsten zu setzen und zu schauen, was passiert.

Das einzige Problem war, dass ich inzwischen keine eigene Haustür mehr hatte. Die Wohnung hatte ich zwei Wochen nach meinem Job ebenfalls gekündigt. Wozu brauchte ich sie noch? In einer Stadt, in der mich nichts mehr hielt?
Also musste eine andere Haustür her. Ich entschied mich für die von Mischa. Er wohnte in Köln und hatte mir angeboten, für ein paar Tage bei ihm unterzukommen.

Und so kam es, dass ich meinen Weg in die Ungewissheit im April 2016 von Mischas Haustür aus antreten würde.

★★★

Meine Schritte hallen im weißen Treppenhaus meines ab heute Ex-Arbeitgebers. Es ist das letzte Mal, dass ich diese Treppe hinuntergehe. Erschöpft von den Anstrengungen der letzten Tage, trage ich die Überreste dieser Zeit zur Tür heraus.

Klack. Die Tür fällt ins Schloss. Es ist vorbei. Ich bin frei! Die Euphorie und Erleichterung, die ich erwartet hatte, bleiben aus. Stattdessen fühle ich mich leer und müde. Zum Feiern ist mir nicht zumute.
All die Menschen, die in dieser Stadt dafür infrage kommen würden, habe ich in diesem Gebäude zurückgelassen.

FREIHEIT UND DIE ERSTEN SCHRITTE

Mein erster Samstag in Freiheit. Die Freiheit fühlt sich scheiße an. So viele Pläne. Nur wo anfangen? So viele Möglichkeiten. Nur was davon tun? Wann stehe ich jetzt auf? Mal richtig ausschlafen? Kommt nicht infrage!
Am Ende werde ich noch verwahrlosen. Wann esse ich zu Mittag, und was? Und wo? In der Stadt oder zu Hause? Kann ich es mir noch leisten, essen zu gehen? Und überhaupt – wie soll es jetzt weitergehen?
Es ist bereits Mittag und noch immer sitze ich im Schlafanzug hier. Ich muss für die Wanderung trainieren! Das wird alles ganz böse enden …

★★★

Es war Sonntag. Ich lief auf dem Prozessionsweg, ein alter Wallfahrtsweg, von Münster nach Telgte.
Ich wollte meinen Körper an das Wandern gewöhnen. Und vielleicht auch meine Seele.

Das Gehen tut gut. Meine Gedanken sortieren sich. Und mit jedem Schritt fällt ein Stückchen von dem ab, was überflüssig ist. Mit jedem Schritt fühle ich mich kraftvoller, obwohl mein Körper müder wird.
Zwischendrin kehren immer wieder die Fragen zurück. Wie Ohrwürmer bohren sie sich in mein Hirn. Wie wird es weitergehen? Tue ich das Richtige? Was kommt nach der Wanderung?

Ich wollte „etwas mit Menschen“ machen, das war mir klar. Deshalb hatte ich mich kurz nach meiner Kündigung zu einer Coachingausbildung angemeldet, noch bevor ich wusste, dass ich aufbrechen werde.

Die nächsten Ausbildungswochenenden würde ich aussetzen, bis ich bereit war, zurückzukehren.
Die Ausbildung dauerte eineinhalb Jahre und ich würde das Verpasste nachholen. So hatte ich es gemeinsam mit den Trainern entschieden. Sie verstanden, wie wichtig dieser Weg für mich war. Ich bin sehr dankbar dafür.

Ich laufe auf eine einsam gelegene Bushaltestelle zu. Auf dessen Bank liegt ein dickes, gelbes Buch.
Ich schaue mich um, kein Mensch ist zu sehen. Ich sehe es mir genauer an. Es scheint schon älter zu sein. Der Einband ist aus einem stoffähnlichen Material. Der Titel lautet: „Alles hat seine Stunde". Die Autorin heißt Rose Fitzgerald Kennedy.
„Du hast so recht", flüstere ich und packe das Buch in meinen Rucksack.

Ich habe das Buch nie gelesen. Der Titel war alles, was ich wissen musste.

★★★

„Suchst du auf deinem Weg eigentlich auch nach Gott?", fragt mich Anja, und nippt an ihrem Kaffee.
Anja ist meine frisch gebackene Ex-Kollegin, und sie hat mich zum Abschiedsfrühstück eingeladen.

Schon bald würde ich mich zu Fuß auf den Weg machen. Mit dieser Frage hatte ich nicht gerechnet und geriet erstmal ins Stocken. „Äh nö, also eigentlich suche ich eher mich“, witzelte ich, bemerkte aber, wie seltsam warm mir dabei wurde.

Suche ich Gott? Gute Frage. Keine Ahnung. Wer ist Er denn überhaupt, dieser Gott, und wie sollte ich ihn finden?

Den Gott aus der katholischen Kirche suchte ich jedenfalls nicht, so viel konnte ich sagen.
Das hätte in meiner Vorstellung bedeutet, dass ich nach meiner Rückkehr jeden Sonntagmorgen gelangweilt in der Messe sitzen müsste, von der ich die Hälfte sowieso nicht verstehe.
Und mit einem Gott, der Männern mehr Verantwortung und Macht gibt als Frauen, wollte ich nun wirklich nichts zu tun haben. Nein, von den Göttern hatte ich in den letzten zehn Jahren genug.

Insgeheim erhoffte ich mir auf diesem Weg aber schon ein Erweckungserlebnis. Einen echten Aha-Moment, der mir mit einem Schlag alle Antworten auf meine Fragen gibt. Ungefähr so, wie es Hape Kerkeling in seinem Buch *Ich bin dann mal weg* beschrieb. Was er genau erlebt hat, verrät er nicht.
Aber zu diesem Zeitpunkt wollte ich das nicht zugeben, und so blieb ich erstmal dabei, dass ich MICH suche.

„Glaubst DU denn an Gott?“, fragte ich Anja, um von mir abzulenken. Ich war überrascht, welche Wendung unser Gespräch nahm.
Zwei Jahre lang hatten wir uns Tag für Tag das Büro geteilt, aber über die wesentlichen Dinge nie gesprochen.

Ihre Antwort bekam ich nicht mit, zu sehr war ich mit ihrer Frage beschäftigt. Suche ich Gott? Ich beschloss, die Frage einfach mit auf den Weg zu nehmen. Bald würde ich genug Zeit haben, um darüber nachzudenken.

★★★

24.02.2016
Mein Herd wurde abgeholt.
Ab jetzt nur noch kochen mit ~~Fest~~ Kochplatte.

25.02.2016
Wohnzimmerregal verkauft. Wurde abgeholt.
Das Zimmer wirkt plötzlich wieder so laaaaang.

26.02.2016
Balkonmöbel verkauft. Wurden abgeholt.
Ich bin froh, die passten nicht zu mir!

09.03.2016
Jetzt ist auch meine Schlafzimmerkommode weg.
Ab sofort lebe ich aus dem Koffer und von der Stange.

10.03.2016
Mein Sofa wurde abgeholt.
Es hat ein neues Zuhause in Köln gefunden.
Da ist es gut aufgehoben. Im Wohnzimmer hallt es nun.
Mein Häkelteppich ist mein neuer Ort zum Entspannen.
Ich lag ja schon immer gern auf dem Boden.

18.03.2016
Mama, Papa, Frank und ich haben heute den Rest
meiner Möbel abgeholt und zu meinen Eltern gebracht.
Alles, woran ich – vermeintlich – hänge. Mein Bett, mein
alter Wohnzimmerschrank und meine Retrostühle.
Ich war fix und fertig danach. Körperlich meine ich.
Papa darf nicht tragen wegen seines Rückens. Und so
haben mein Bruder und ich alles allein gestemmt.
Bin stolz! Und dankbar!

20.03.2016

Corinna und Marco haben meinen geliebten Esszimmertisch abgeholt. Er ist in guten Händen, und ich darf ihn besuchen kommen. Was bleibt, sind mein Sessel, mein Nierentisch, der Häkelteppich und ich.
Wir halten zusammen!

22.03.2016

Mein Küchenschrank ist nun auch auf Reisen gegangen.
Lebe jetzt aus zwei Wäschekörben voll
mit Lebensmitteln und Küchenutensilien.

29.03.2016

Letzter ganzer Tag und letzte Nacht in Münster.
Auf zwei Cappuccino in die Röstbar.
Einfach nur da gesessen, getrunken und geschrieben.
Konnte mich schwer trennen.
Letzten Sonnenuntergang mit Brotzeit und
Pinkusbier auf der Balkonbrüstung genossen.
Stille, wundersame Nacht auf meiner
Matratze im Wohnzimmer.
Blick aus dem Panoramafenster in die Sterne.
Schlaflos, aber schön!
Jetzt ist alles gut!

★★★

Ich glaube, jeder Mensch braucht eine Sicherheit, egal, wie groß sein Verlangen nach Freiheit ist. Während meiner Wanderung hieß sie Edwige Brasseur. Sie war für mich wie eine Rettungsboje auf dem offenen Meer.

Bereits bevor ich losging, schrieb sie mich über Couchsurfing an und lud mich zu sich nach Arques, Nordfrankreich ein.

Ich schrieb ihr, dass ich nicht wisse, wo mich mein Weg hinführen würde, dass ich mich aber beim Laufen an Sie erinnern werde.

Sie antwortete mir:

„I can feel both your impatience and anxiety in your message. I'm sure everything will be ok! I really admire you for such a travel, I'm sure you'll be different once back home. I perfectly understood that you cannot take any appointment, but as I told you, we can have you as a guest anytime. Since I'm not back at work yet, I'm very available. Anyway, I hope you will have a good time walking and travelling, I'm sure you will!

Once again, don't hesitate, I can even drive to pick you up if needed. See you in some weeks mabye, HAVE FUN!"

Edwige.

Natürlich hätte ich meine Reise jederzeit abbrechen und Unterschlupf bei meinen Eltern oder Freunden finden können. Doch dieser Weg war wie ein eigener Kosmos, den ich nicht verlassen wollte, bis ich sicher wusste, dass die Zeit gekommen war.

★★★

Wir sitzen zusammen auf dem Sofa, Mama und ich. Wir schweigen, der Fernseher spricht. Ich starre auf den Bildschirm, weiß nicht, was ich sagen soll, finde die richtigen Worte nicht.
Gleich werde ich nach Köln aufbrechen, um in zwei Tagen meinen Weg ins Ungewisse anzutreten. Ich weiß nicht, wo ich schlafen werde, weiß nicht, wo ich hingehen und wann ich zurückkehren werde.
Weiß ich denn, OB ich wiederkommen werde? Im Moment weiß ich nur eins: Ich muss gehen!

Was meine Eltern über meine Reise dachten, wusste ich auch nicht. Sie hatten bislang nur wenig dazu gesagt. Ab und zu ein vorsichtiges: „Hast du denn überhaupt keine Angst, so alleine da draußen?“ Sonst nichts.

„Nein, habe ich nicht“, erwiderte ich dann entschlossen und vermutlich auch ein wenig schnippisch, was meiner eigenen Unsicherheit geschuldet war.

„Ich muss das jetzt einfach tun. Ich kann nicht anders.“

Damit war das Gespräch beendet. Und irgendwie war ich ein wenig enttäuscht darüber. Ich hatte mir mehr Zuspruch erhofft.
Dass meine Eltern mich in meinem Plan bestärkten.

Ganz schön naiv aus heutiger Sicht.

Jetzt sitzen wir hier auf dem Sofa, der Fernseher läuft, und wir reden immer noch nicht. Alles, was mir durch den Kopf geht, fühlt sich hohl an. Dann platzt es plötzlich aus ihr heraus.

„Ich habe Angst um dich."

Diese fünf Worte treffen mich bis ins Mark.

„Ich – habe – Angst – um – dich."

Ich wende mich meiner Mutter zu. Ein paar Tränen kullern ihr die Wangen herunter. Wann habe ich sie das letzte Mal weinen sehen? Ich will nicht, dass sie Angst um mich hat. Natürlich nicht. Und gleichzeitig empfinde ich diese Worte als das aufrichtigste „Ich liebe dich".
Ich freue mich sogar, sie weinen zu sehen. Das gemeinsame Weinen verbindet Menschen, genauso wie das gemeinsame Gehen.

„Ich habe Angst um dich." Sie spricht weiter: „Ich finde es sehr mutig, was du da tust. Hut ab."
Mit einem Mal sind alle ostwestfälischen Staudämme gebrochen, und ich fange an zu schluchzen.

Im nächsten Moment standen wir vor dem Sofa und lagen uns in den Armen. Abwechselnd drückten wir uns gegenseitig Küsse auf die Wange, weinten und lachten gleichzeitig.
In dem Moment verstand ich, was für ein gewaltiger

Kraftakt es für meine Eltern war, mich so widerstandslos ziehen zu lassen.
Jetzt wusste ich, dass ich gehen konnte. Alles Wichtige war gesagt. Der Weg hatte sich schon jetzt gelohnt.

„Ich werde wiederkommen, ganz bestimmt", versichere ich ihr. Dann kann sie sich doch nicht verkneifen, mir ein Pfefferspray hinzuhalten.

„Hier, nur für den Fall der Fälle."

Ich kann es nicht annehmen, es fühlt sich falsch an.

„Nein Mama, das brauche ich nicht."

Und so brach ich auf. Ohne Pfefferspray. Aber mit ganz viel Liebe im Gepäck.

★★★

„Wenn Geld keine Rolle spielen würde, und du unendlich viele Wünsche frei hättest, wie würde dein Leben aussehen?", fragt mich der Trainer am ersten Wochenende meiner Coachingausbildung.
Es ist der 10. April 2016. Morgen werde ich zu meiner Wanderung aufbrechen.

Als Einstimmung auf meine Reise boten mir die Trainer an, die „Märchenschlossübung" mit mir zu machen.
Sie dient dazu, sich seiner eigenen Visionen bewusst zu werden. Ein passenderes Abschiedsgeschenk konnte ich mir nicht wünschen.

„Wenn Geld keine Rolle spielen würde, und du unendlich viele Wünsche frei hättest, wie würde dein Leben aussehen?“

Ich hörte das nicht zum ersten Mal. In letzter Zeit hatte ich mir diese Frage oft gestellt.
Meine Antworten hatte ich immer wieder in meinen Morgenseiten aufgeschrieben. An diesem Tag sollte ich zum ersten Mal anderen Menschen davon erzählen. Nach etwas Zögern fingen die Antworten an zu sprudeln.

Ich sehe ein Haus. Es ist ein großes, freistehendes Fachwerkhaus und der Mittelpunkt meines Lebens.
Hier wohne und arbeite ich. Es steht im Grünen, in der Nähe eines Waldes. Die Stadt ist schnell zu erreichen. Vor dem Haus befindet sich eine runde Hauseinfahrt mit Kieselsteinen. Im Hof sitzt ein Hund. Es ist ein Labrador. In der Mitte steht ein alter, großer Baum. Es muss eine Linde sein. Im Erdgeschoss des Hauses sehe ich offene Räume. Eine freistehende Küche, einen Kamin und eine lange Tafel, an der wir abends bei Kerzenschein sitzen. Eine Flasche Wein steht auf dem hölzernen Tisch, und wir reden.
„Wir“, das sind meine Freundinnen und Freunde, meine Kolleginnen, Kollegen und ich. Auch mein Partner ist hier. Uns verbinden gemeinsame Werte. Wir führen ein kreatives Leben, sind unabhängig, begegnen uns mit Respekt und auf Augenhöhe.

Was sich im oberen Geschoss befindet, sehe ich nur vage. Es ist mein privater Bereich.
Meine Schlaf- und Arbeitszimmer befinden sich dort. Ich schreibe dort Bücher und Artikel, die den Menschen Mut

machen, ihren eigenen Weg zu gehen.
Ich gebe Workshops und begleite Menschen in Phasen ihres Lebens, in denen sie Unterstützung brauchen. Vor der Arbeit gehe ich meine Runden im Wald und tanke auf.

In diesem Haus habe ich beides: Ich bin unabhängig und kann in Gemeinschaft leben.

DIE WANDERUNG

„Nur ein Stern
voller Licht
und ein Traum
voller Mut
genug für den Weg."

Inken Christiansen, aus: *Der Andere Advent 2011/12*,
Verein Andere Zeiten, Hamburg

★★★

Ich bin fasziniert von der Idee, dass da draußen viel mehr ist, als wir wahrnehmen. Die Realität ist sehr komplex.
Wir bekommen nur einen Bruchteil von der Fülle mit, die uns umgibt. Würden wir alles wahrnehmen, würde die Informationsflut, die auf uns einprasselt, uns wegspülen. Deshalb filtert unser Gehirn. Was wir wahrnehmen, hängt stark davon ab, woran wir glauben und worauf wir unsere Aufmerksamkeit richten. Es hängt davon ab, mit welcher Brille wir auf die Realität blicken.
Da draußen ist alles. Liebe, Vertrauen und Fülle. Und da draußen sind Krieg, Hass und Verrat. Da draußen sind Menschen, denen wir vertrauen können, und Menschen, denen wir aus dem Weg gehen sollten.
Doch wir haben die Wahl, welche Brille wir aufsetzen. Wir können entscheiden, was wir über uns und die Welt glauben. Ob wir die Brille des Vertrauens, der Fülle, des Mangels oder der Angst auf der Nase haben.
Wenn wir die Brille der Angst tragen, lauern überall Gefahren. Wenn wir durch die Brille des Mangels blicken, sehen wir das, was uns fehlt.

Schauen wir jeden Tag Nachrichten, glauben wir bald, dass die Welt ausschließlich schlecht ist.
Je stärker wir an das Schlechte glauben, desto mehr Macht geben wir ihm. Wir können die Brille wechseln. Wir müssen eine Entscheidung treffen.

★★★

Die letzte Nacht vor dem ersten Schritt. Schon seit einer Weile wälzte ich mich hin und her.

Welche Richtung werde ich morgen einschlagen, und was wird mich dort erwarten?
Was, wenn ich keine Bleibe finde, bevor es dunkel wird? Oder ich mich im Wald verirre?

Als ich um kurz vor Mitternacht immer noch nicht an Schlaf denken konnte, meldete ich mich bei Couchsurfing an und fing an, nach einer Bleibe für die erste Nacht zu suchen. Auch wenn ich dem Weg vertrauen wollte, konnte eine kleine Starthilfe nicht schaden.
Die Erste und Einzige, die ich anschrieb, war Heike. Ich hatte wenig Hoffnung, dass sie mir so spontan antworten würde. Doch als ich am nächsten Morgen mein Handy einschaltete, erschien schon ihre Antwort auf dem Display. „Ja klar, kein Problem. Wir freuen uns. Liebe Grüße."
Meine erste Etappe führte mich also nach Weilerswist. Zu Heike und ihrer Tochter Neele.

★★★

Die Sonne stand hoch am Himmel. Es war heiß, und ich

war hungrig. Keine gute Kombination für ein Sensibelchen wie mich. Die ersten zehn Kilometer lagen hinter mir. Gleich würde ich Brühl erreichen und beschloss, dort meine Mittagspause einzulegen.
Schon völlig unterzuckert lief ich in die Stadt hinein und suchte nach einer geeigneten Möglichkeit, meinen Hunger zu stillen.

Lieber Geld sparen und ein Brötchen auf die Hand nehmen oder mir zur Feier des ersten Wandertages mal richtig was gönnen? Lieber gesund und leicht oder deftig und kalorienhaltig?
Wie viel Geld darf ich eigentlich pro Tag für Essen ausgeben? Und für die Übernachtungen? Und überhaupt, wie lange wird mein Geld reichen?

Diese Fragen wogen, neben dem Gepäck auf meinem Rücken, schwer. Nachdem ich eine Weile planlos hin- und hergelaufen war, entschied ich mich, einen Halt in einem gemütlich ausschauenden Fair Trade Café einzulegen, das ich in einer ruhigen Seitenstraße entdeckte.
Wie sollte das bloß weitergehen, wenn ich noch nicht mal in der Lage war, mich für ein Mittagessen zu entscheiden? Ich kürzte die Sache ab.
Beim Bezahlen fragte ich den Kellner, ob er einen Tipp für die Mittagspause hätte. „Direkt um die Ecke ist ein kleiner Bioladen, der von einem netten indischen Paar geführt wird. Die bieten auch einen ayurvedischen Mittagstisch an. Er ist sehr beliebt." Das hörte sich toll an!

Zuerst lief ich an dem Laden vorbei, denn er ging in der wuseligen Einkaufsstraße ein wenig unter.

Aber mit dem ersten Schritt, den ich in den Laden machte, war das Tempo von draußen vergessen.
Eine fast unheimliche Ruhe erfüllte diesen kleinen, engen Raum. Ich durchquerte ihn und gelangte in ein Hinterstübchen mit drei kleinen Tischen.
Dabei musste ich Achtgeben, dass ich mit meinem 60 Liter-Rucksack nicht die Regale mitnahm. Ich entschied mich für einen der Tische (das ging ausnahmsweise schnell) und nahm Platz.
Sanfte, asiatisch anmutende Klänge erfüllten den Raum, wie bei einer Thai-Massage. Meine Anspannung ließ nach. Erst jetzt spürte ich die Müdigkeit in meinen Beinen, und auch die in meinem Kopf, von all den Gedanken, die seit heute Morgen in ihm kreisten.
Es dauerte eine Weile, bis das Essen kam, und so hatte ich genug Zeit, mich umzusehen. Mein Blick fiel auf einen Tischkalender mit Tagesimpulsen, der auf der Anrichte gegenüber stand. Den Schriftzug konnte ich vom Tisch aus nicht lesen, doch ich war neugierig. Also stand ich auf und ging hin.

„If god is my father, teacher, guide etc., how can I fear of anything in this physical world? "

Wow. Da war Er also wieder. Und diese Worte beruhigten mich seltsamerweise.

„Suchst du auf deinem Weg eigentlich auch nach Gott?", hörte ich Anja fragen. Eines war mir nun klar: So ganz würde ich auf meinem Weg nicht um ihn herumkommen.

★★★

Abends kam ich erschöpft bei Heike und ihrer Tochter Neele an. Von der ersten Sekunde zog mich ihr Haus in seinen Bann. Die alten Küchenfliesen ihrer Großmutter schmückten den Boden des Eingangsbereiches, und auch der Rest des Hauses strahlte Gemütlichkeit aus.
So perfekt unperfekt waren die Einrichtung, die Ordnung, die Grundhaltung in diesem Haus. Heike ist Journalistin und schreibt für eine bekannte, regionale Zeitung.
Das vergangene Wochenende hatte sie in Metz verbracht, erzählte sie mir beim gemeinsamen Abendessen. Sie hatte dort ihren seit dem Krieg totgeglaubten Großvater besucht, der seit dem Krieg verschwunden war.
Vor nicht allzu langer Zeit hatte sie ihn auf wundersame Weise wiedergefunden. Er hatte die Kriegsjahre genutzt, um abzutauchen und sich ein neues Leben aufzubauen.

Ich dachte an meinen Opa. In seinen letzten zwei Jahren lebte er in seiner eigenen Welt. Immer wieder sprach er von Frankreich. Er müsse dorthin zurück, dort sei eine Bank. Wenn ich nachfragte, was für eine Bank er meine, dann blieb er stumm und lächelte mich an.
Und seine Augen leuchteten. In seinen jungen Jahren hatte er zwei Jahre als Kriegsgefangener auf Mont Saint Michel verbracht. Wenn er davon erzählte, verlor er kein böses Wort darüber. Wir vermuteten hinter der Bank ein Geldinstitut. Vielleicht hatte er stille Reserven dort?

Einmal war ich mit ihm allein zu Hause. Ich stand in der Küche und bereitete das Essen vor. Es klingelte an der Tür, und ich machte auf. Ein Taxifahrer stand davor.
Ich sah ihn fragend an, als er sagte: „Ein Mann hat eben angerufen, ich soll ihn nach Frankreich fahren."

Ich gab dem Fahrer fünf Euro und schloss die Tür. Ich musste laut lachen.

„Irgendwann werde ich ein Buch darüber schreiben", sagte Heike und holte mich mit ihren Worten an den Küchentisch in Weilerswist zurück.
Ich schielte auf das Bild an der Wand links neben mir, auf der ihr folgende Notiz die Richtung wies:

„Nichts ist stärker als eine Idee, deren Zeit gekommen ist."

Nach dem gemeinsamen Abendessen beschloss Heike, mir einen Schlafplatz für die nächste Nacht zu besorgen. Ich sah ihr dabei zu, wie sie über WhatsApp ihren Freundeskreis aktivierte. Ich wusste nicht so recht, wie ich das fand. Ein Teil von mir freute sich über weitere Planungssicherheit. Doch der Rest von mir wollte sich jetzt ins Abenteuer stürzen.
Ich entschloss mich, es zu nehmen wie es kommt. Wenn sie jemanden fand, würde ich das Angebot annehmen. Wenn nicht, dann ging es so voran. Nachdem ihr auch der letzte Freund abgesagt hatte, gab Heike enttäuscht auf. Insgeheim war ich erleichtert und dachte an den Satz auf einer Postkarte, die mich vor meinem Aufbruch von einem Freund erreicht hatte: „Where the road ends, the journey begins", steht darauf. Hier endete also die asphaltierte Straße.

★★★

Die Nacht bei Heike war von seltsamen Träumen durchzogen. Ein Traum handelte von meinem letzten Chef, der ein paar Wochen vor mir das Unternehmen verlassen hatte.

Es ist sein letzter Arbeitstag. Wir stehen im Kreis um ihn herum, er badet in unseren aufmerksamen Blicken, ein Glas Champagner in der Hand.
Ich giere nach einer Spur Dankbarkeit für meine Arbeit in seinen Worten. Doch er sieht mich nicht an.

Er war der Vorstandskollege des Inhabers und ich seine persönliche Assistentin.
Außerdem leitete ich eine Abteilung, verbesserte die Abläufe im Unternehmen und war dazu Handlangerin für diverse Kleinunternehmen, die er nebenbei noch betrieb.

Und so waren unsere Rollen vier Jahre lang verteilt: ich stets bemüht bewundernd, er distanziert.

Als er mir eröffnete, dass er das Unternehmen verlässt, fragte er, ob ich mit ihm gehen würde.
Ich war nicht abgeneigt, wollte aber zunächst die Bedingungen klären und unbedingt schriftlich festhalten. Ich kannte ihn nach all den Jahren zu gut.

Er zögerte das Gespräch immer weiter hinaus. Ich ließ ihn gewähren. Dann kam der große Knall.
Alles, was er versprochen hatte, zerplatzte bei einem gemeinsamen Mittagessen wie ein rosa Luftballon. Konfetti war nicht darin.

Es kam mir schon komisch vor, dass er mir auf dem Weg zum Restaurant die Autotür aufhielt, wo er an gewöhn-

lichen Tagen nicht einmal ein „Guten Morgen“ herausbekam und mir, während er mit der einen Hand telefonierte, mit der anderen Hand seinen Müll vom Vortag in die Hand drückte. Ich mache es kurz: Ich durfte ihm folgen – zu seinen Bedingungen.
Vermutlich wähnte er sich in sicheren Gewässern. „Nach der Scheidung vor ein paar Monaten braucht die Kleine sicheren Boden unter den Füßen.“
Ich ließ mir meine Erschütterung nicht anmerken und erbat mir Zeit zum Nachdenken.
„Du kannst darüber nachdenken, aber nicht lange. In drei Tagen will ich die Antwort haben.“

Drei Tage später sagte ich „Nein“ in mein Headset. Wir redeten via Skype, weil er gerade in seiner Finca auf Mallorca residierte. Er saß mit zerknittertem T-Shirt vor dem Bildschirm, unrasiert und unfrisiert.
Er verzog keine Miene dabei. Ich wollte ihm meine Gründe erklären, doch er winkte ab und sagte: „Nichts für ungut, Britta. Du bist mir nichts schuldig.“

Das „Nichts für ungut“ entsprach nicht seinen Taten, die nun folgten. Er redete nur noch das Nötigste mit mir.
Eines Morgens kam ich in mein Büro, und das Laufwerk mit all den Daten, die die Grundlage meiner Arbeit waren, war gesperrt. Ohne ein Wort darüber zu verlieren, hatte er mir den Datenhahn zugedreht. Und so saß ich die letzten drei Monate auf dem Trockenen und versuchte, mich irgendwie zu beschäftigen. Kein schönes Gefühl.
Zu seiner Ausstandsfeier lud er mich erst ein- und dann wieder aus. Natürlich würde er es anders beschreiben. Er ließ mir die Wahl:

„Entweder du lächelst heute Abend, dann bist du willkommen. Sollte dir das nicht möglich sein, will ich dich dort nicht sehen. Deine Entscheidung."

Sie fiel mir leicht.

★★★

Bei der Verabschiedung von Heike am nächsten Morgen war ich mir sicher, dass wir uns wiedersehen würden. Vorsichtshalber ließ ich aus Versehen meine Zahnbürste bei ihr.

Den Traum mit meinem Chef nahm ich mit auf den Weg. Was wollte ich noch von ihm? Er braucht ein prall gefülltes Konto, um sich machtvoll zu fühlen, er fährt einen Porsche, um Dynamik zu versprühen, besitzt eine Villa, um Reichtum zu zeigen, und führt einen gnadenlos überfüllten Kalender, um von Bedeutung zu sein.
Sein Freundeskreis besteht aus Menschen, die sich durch Darlehen und gemeinsame Investitionen „verbunden fühlen".

Doch was bleibt übrig, wenn der Strom des Lebens ihm all das entreißt?
Ein kleiner Junge, der nach Liebe schreit. Als ich ihm die Liebe entzog und anfing, auf eigenen Beinen zu stehen, war der kleine Junge sehr erbost. Ich wiederum musste ihm den Scheinwerfer halten, um mich wertvoll zu fühlen. Als ich ihn ausknipste, war unsere Verbindung zerstört.

★★★

Während des Tages philosophierte ich darüber, was eine gute Führungskraft ausmacht.

Eine gute Führungskraft ist in Kontakt mit sich selbst. Sie lässt sich von ihrer Intuition leiten, die einen intelligenten Diener an ihrer Seite hat: den eigenen Verstand.

Eine gute Führungskraft ist gut darin zu reflektieren. Sie weiß um die eigenen Muster, Stärken und Schwächen. Sie ist sich ihrer eigenen Geschichte bewusst und dessen, was die Vergangenheit mit ihr gemacht hat.

Eine gute Führungskraft strebt danach, sich weiter zu entwickeln, und behält dabei das Wohl der anderen im Blick.

Eine gute Führungskraft sieht sich als Dienstleister*in für Mitarbeitende und Unternehmen. Der Zweck des Unternehmens steht an erster Stelle, danach folgen erst die persönlichen Ziele, die mit dem Unternehmenszweck im Einklang stehen.

Eine gute Führungskraft will ihre Mitarbeitenden aufrichtig sehen, statt nur das eigene Bild im Spiegel. Sie will ihre Talente und Gaben entfalten und sie dadurch stärker machen.
Eine gute Führungskraft will nicht allwissend und mächtig sein. Sie hat den Mut, sich verletzlich zu zeigen. Sagen zu können: „Ich weiß es nicht." Oder: „Heute geht es mir schlecht" oder „Ich

brauche eure Hilfe". Das ist die wahre Stärke.

In unserer Arbeitswelt geht viel Potenzial verloren. Durch das Gewicht der Rüstung, die wir tragen. Unser wahres Ich zu verbergen und zu vertuschen, dass wir doch „nur" Menschen sind, kostet viel Kraft.
Wenn ein Wandel geschehen soll, muss jeder anfangen, seinen eigenen Keller aufzuräumen und lernen, sich selbst anzunehmen.

„Es sollte einen Führerschein für Führungskräfte geben, statt einer DIN-Norm für Schlangengurken!", rief ich hinaus in den kalten Morgen.

★★★

Der Tag zog sich wie Kaugummi. Mit jedem Schritt wurde mein Hirn leerer. Aber der Weg wollte einfach nicht enden. Drei Kilometer noch. Meine Wangen waren heiß, und ich spürte meinen Puls bis in die Waden.
Dass das möglich ist, wusste ich bis dahin nicht. Und gleich noch einen bezahlbaren Schlafplatz finden. Herrje, das war wirklich das Letzte, wozu ich aufgelegt war.

Eine Stunde später passierte ich das Ortsschild von Bad Münstereifel und gelangte auf direktem Weg in die Einkaufszone. Eines der ersten Geschäfte, die mir auffielen, war ein kleiner Bioladen, der rechts an der Straße lag.
„Wenn du mal nicht weiter weißt, frag in einem Bioladen. Meistens sind die Leute entspannt und hilfsbereit", erinnerte ich mich an Birgits Worte.
Sie war die Leiterin des Workshops „Ideentreibgut", den

ich vor meiner Abreise besucht hatte. Hier lernte ich, wie ich kreative Tagebücher führe.
Völlig fertig stolperte ich durch die Eingangstür. Ich war die einzige Kundin, was wohl daran lag, dass der Laden in drei Minuten schließen würde. Ich tauchte erst einmal zwischen den Regalen unter und tat so, als ob ich noch einen dringenden Einkauf zu erledigen hätte.
Nervös studierte ich die Doseneintöpfe, die mich nicht die Bohne interessierten. Währenddessen schob die Verkäuferin bereits die Körbe von draußen herein, und ihr Mann lagerte das Gemüse für die Nacht ein.
Wahllos schnappte ich mir eine Dose Linseneintopf und begab mich zur Kasse, wo die Frau mittlerweile auf mich wartete.

„Haben Sie alles?“, fragte sie mich.

„Äh, ja, also fast. Nur ein Schlafplatz fehlt mir noch“, stammelte ich und lächelte so gut es ging.

„Wissen Sie zufällig, wo man hier günstig übernachten kann?“, konkretisierte ich mein Anliegen.

„Oben auf dem Berg ist eine Jugendherberge“, antwortete sie.

„Oh nein“, dachte ich, als ich „Berg“ hörte, und brach innerlich zusammen.
„Wenn Sie sich noch ein paar Minuten gedulden, können wir Sie mitnehmen. Wir wohnen fast direkt nebenan.“

★★★

Ich öffne die Augen, blinzele und stelle den Fokus auf scharf. Ich sehe mich um. Wo bin ich heute?
Ah ja, stimmt, klar. Ich recke und strecke meinen Körper und spüre die Kilometer von gestern in meinen Füßen, den Beinen, und auch im Rücken.
Ich greife zu meinem Reisetagebuch, das neben mir auf dem Nachttisch liegt, und halte meine Gedanken und Eindrücke von gestern fest. Abends bin ich zu müde dafür.
Dann stehe ich auf und mache meine Übungen, ein bisschen Yoga, ein wenig dehnen.
Das ist gut für meinen Rücken, und auch für meine Schultern. Sie müssen viel (er)tragen in diesen Tagen. Wenn ich noch die Muße habe, meditiere ich ein paar Minuten.
Meine Füße bekommen Hirschtalg zum Frühstück. Das pflegt sie und schützt vor fiesen Blasen.
Dann ziehe ich Socken, eine Leggins und ein Funktions-Shirt an.
Darüber ein leichter Fleece-Pulli und die Wanderhose. Zum Schluss noch ein Merinojäckchen, und wenn es sehr kalt ist, die Soft-Shell-Jacke.

Ein Blick in den Spiegel und ein „Guten Morgen“ zu mir. Schnell noch die Haare kämmen und Wimpern tuschen? Nee, das schenke ich mir.
Noch den Rucksack packen und die Wanderschuhe anziehen. Jetzt geht es raus in den frischen Morgen.

Die ersten zwei Kilometer tun noch weh, dann springt der Motor an, und ich will nur noch gehen. Ich kann mir nichts Schöneres vorstellen.
Morgens sprudeln die Gedanken. Um sie rauszulassen und festzuhalten, nehme ich Sprachnachrichten auf oder

rede einfach vor mich hin.
Manchmal fange ich auch an zu singen. Es ist alles dabei, von „Oh, du Fröhliche" bis Peter Maffays „Über sieben Brücken musst du gehen".
Erstaunlich, was man so alles abrufen kann, wenn man nichts zum Ablenken hat. Ab dem Nachmittag will ich nur noch laufen, der Kopf ist leer. Ich laufe nicht mehr, sondern werde gelaufen.

Ich frühstücke im Wald, mit meinem Mini-Campingkocher. Es gibt Haferbrei mit Rosinen, Nüssen und Tee. Mittagessen dann unterwegs auf der Bank mit Brot und Bananen. Das Abendessen fällt spärlich aus.
Tagsüber habe ich schon so viel gegessen, dass ich fast nichts mehr brauche. Vielleicht noch ein kühles Bier, um gut zu schlafen und mich zu belohnen.

Die Dusche am Abend ist mein Höhepunkt. Ich kann mich kaum von ihr trennen. Oft sitze ich in der Duschwanne und lasse mich berieseln. Dabei massiere ich liebevoll meine Füße und sage aufrichtig „DANKE" zu ihnen. Nach der Dusche will ich nur noch schlafen. Auch, wenn es erst 21 Uhr ist.
Gute Nacht Füße, Knöchel, Hüften und Waden! Gute Nacht Rücken und Schultern! Erholt euch gut!

Dann beginnt ein neuer Morgen. Alles von vorn.

Der Alltag einer Pilgerin.

★★★

Ich bin ein wenig enttäuscht, denn meine Reise ist mir bisher zu unspektakulär. Keine schicksalhaften Begegnungen, die mein Leben auf den Kopf stellen. Keine durchquatschten Nächte, die ich mit interessanten Menschen verbringe. Nichts dergleichen. Stattdessen viel Ruhe und Alleinsein. Seit fast zwei Wochen schon. Doch wenn ich meinem Vorhaben treu bleibe, dann vertraue ich darauf, dass das alles seine Richtigkeit hat. Vielleicht verstehe ich auch erst im Nachhinein den Sinn dieser Reise. Wird eines Tages der Punkt kommen, an dem ich gefunden habe, was ich suche? Ich hoffe darauf, doch vielleicht ist genau das der Fehler. Die Erwartung ist der falsche Freund. Einfach laufen und den Weg, die Orte, die Menschen so nehmen, wie sie kommen. Mich darauf einlassen. Das ist das Geheimnis. In meinem Tempo, auf meine Art und Weise. Alles ist gut so, wie es ist. Vertrauen!

Eintrag aus meinem Reisetagebuch, 25.04.2016

An irgendeinem dieser Tage, auf einem meiner Wege, ich kann mich nicht genau erinnern, kam mir eine Frau entgegen. Auch ihr Gesicht sehe ich nicht mehr vor mir.

Sie fragte mich: „Wohin des Weges? So wie Ihr Rucksack aussieht, sind Sie sicher länger unterwegs."

„Ja, das bin ich vermutlich", antwortete ich ihr. „Ich weiß nicht, wohin ich gehe, und auch nicht, wie lange ich weg sein werde."
„Das ist bewundernswert, so ganz alleine.
Das könnte ich nicht", erwiderte sie.
„Bisher habe ich noch nicht in einer brenzligen Situation gesteckt, und ich vertraue darauf, dass das auch so bleiben wird", versuchte ich sie zu beruhigen.

„Das meine ich nicht", korrigierte sie mich.
„Ich meine, so lange mit mir alleine zu sein, das könnte ich nicht ertragen."

★★★

„Scheiß die Wand an! Autogeräusche! Straßen! Endlich!", rief ich freudig und aufgeregt in mein Handy.
Nach einer Woche Natur, Wald und Ruhe, musste ich dieses Ereignis mit jemandem teilen. Das Diktiergerät meines Handys war mein einziger Ansprechpartner.

Ich war selbst überrascht, wie sehr ich mich über das Industriegebiet freute, in das ich gerade hineinlief.

Dann musste ich an das erste Wochenende meiner Coachingausbildung denken. Die allererste Aufgabe war, eine Landschaft zu zeichnen, wie wir sie uns idealerweise vorstellten.

Eifrig griff ich nach Wachsmalkreide und einem Blatt und begann zu zeichnen.
Danach fanden wir uns wieder zusammen, und jeder zeigte sein Bild in die Runde. Wir stellten schnell fest, dass die Bilder recht ähnlich waren.
Grüne Wiesen, Berge, manchmal auch das Meer und Strände, Bäume, Tiere und bunte Pflanzen. Auf allen Bildern das Gleiche.
Der Trainer sah uns mit einem skeptischen „Soso-Blick" an.

„Und wo sind die Straßen, die Häuser, die Stromleitungen und die Autos? Was ist mit denen? Würdet ihr die alle abschaffen, wenn es nach euch ginge?"

Er bat uns, sie in unser Bild zu integrieren. Wir mussten feststellen, dass es dadurch viel lebendiger und interessanter wurde.

„DAS ist echtes Leben", stellte der Trainer zufrieden fest.
„Es gibt nicht nur Idylle auf dieser Welt.
Auch wenn wir uns alle danach sehnen, würde uns ganz schnell langweilig werden."

Er hatte recht!

★★★

Ich saß im Café zur Schmiede in Einruhr und wartete. Ich wartete auf den Bus, der mich zu Jörg und Bernd nach Lammersdorf bringen würde.
Sie hatten mich eingeladen, die Nacht in ihrem „Wohnklo" zu verbringen, wie sie ihr Gästezimmer liebevoll nannten.

Mit mir im Café saß eine illustre Runde Einruhrer Ureinwohner, die bei drei bis fünf Bier den sommerlichen Tag ausklingen ließen.
Als sie sich mir als „das Gruselkabinett von Einruhr" vorstellten, musste ich laut lachen.
Ein Teil von mir lachte, weil er den Titel so lustig fand. Der andere Teil amüsierte sich über die Treffsicherheit, mit der sie selbst ihre Außenwirkung beschrieben.

Wenn ich mich heute an sie erinnere, sehe ich alte, beleibte Körper mit schrumpeligen Fratzen, zotteligen Haaren und viel zu großen Ohren vor mir sitzen.
Außerdem höre ich ihr lautes Gelächter, bei dem ich nie ganz sicher war, ob sie mit mir oder über mich lachen.

Sie waren neugierig, was eine Frau allein auf großer Wanderung macht, und stellten die üblichen Fragen.
Hast du keine Angst so alleine? Wo willst du hin, wo kommst du her und – die wichtigste aller Fragen – wie viele Kilometer bist du schon gelaufen?

So richtig viel konnten wir nicht miteinander anfangen, und so blieb es bei einer oberflächlichen Unterhaltung. Der Vorsitzende der Gruselformation fragte mich noch, ob ich schon einen Schlafplatz für die Nacht hätte. Ich bejahte dies, erklärte ihm aber, dass ich für den nächsten Tag noch etwas suchte.

Meine Achillessehne signalisierte mir mit aller Deutlichkeit, dass ich ihr in den letzten Tagen einige Steigungen zuviel zugemutet hatte.
Deshalb beschloss ich, mir einen Tag Pause und obendrein eine Schiffstour auf dem Rursee zu gönnen.

Der Gitarrenbauer – das ist der Gruselmeister von Beruf – schlug mir vor, seinen Bekannten Christoph zu fragen. Christoph sei auch ein Pilgerer wie ich, und er würde sich sicher über einen Austausch mit mir freuen, versicherte er mir. Er beschrieb mir das Haus, in dem Christoph wohnte. Ich wusste auf Anhieb, welches er meinte.
Eben war ich noch daran vorbeigelaufen. Das alte Fachwerkhaus mit der Skulptur im Fenster war mir aufgefallen. Es muss das Haus eines Künstlers sein, hatte ich gedacht. Es sei das Haus eines Lehrers, erfuhr ich vom Gitarrenbauer.

Das Gelächter des Gruselkabinetts wurde vom mähenden Getöse einer Schafsherde übertönt, die an uns vorbeizog. Darin bahnten sich zwei bis drei Schafe ihren Weg entgegen der Laufrichtung. Kein leichtes Unterfangen. Ich war fasziniert von diesen mutigen Geschöpfen und fühlte mich sehr mit ihnen verbunden.

★★★

Zwei Jahre später führte mich mein Weg wieder an diesen Ort zurück. Dieses Mal war ich nicht zu Fuß, sondern mit dem Auto angereist, und dieses Mal wartete ich nicht auf

den Bus, sondern auf Maike und Stephan, die ich hier zum ersten Mal treffen sollte.
Sie wollten mich für ihren Blog zu meiner Wanderung interviewen. Nach einigen Terminfindungsschwierigkeiten, die uns bislang von einem Treffen abgehalten hatten, fanden wir Sonntag, den 15. April 2018 als passend.
Um 12 Uhr in Einruhr sollte es sein, im Café zur Schmiede.
Hier und jetzt also. Und da saß ich nun und wartete auf die beiden.
Maike schrieb mir, dass sie sich ein wenig verspäten würden. Um mich abzulenken, holte ich mein Reisetagebuch aus meinem Rucksack.
Ich hatte schon lange nicht mehr hineingeschaut.
Auf der Suche nach meinem Eintrag vom 15. April 2016 blätterte ich neugierig und auch ein wenig aufgeregt durch die Seiten. Als ich ihn fand, wurde mir schwindelig. Heute vor zwei Jahren war ich genau hier gewesen, in Einruhr. Auf der Seite klebte die Fahrkarte von meiner Schiffstour, die ich dort drüben am Schalter gekauft hatte. Um 12:12 Uhr.

★★★

Meine Übernachtung für heute war geplatzt. Christoph, der Lehrer, hatte kurzfristig abgesagt. Zu viel um die Ohren, ließ er mir vom Gitarrenbauer ausrichten.
Ich war enttäuscht, das muss ich zugeben, hatte ich mich doch auf die Begegnung mit dem Unbekannten gefreut. Stattdessen hockte ich nun in der Pension Anna, in einem Zwergen-Zimmer aus vergangenen Zeiten.
Die Decke war so niedrig, dass ich ohne Stuhl die Glühbirne auswechseln konnte. Recht ungewöhnlich für meine

1,67 Meter. Ich fragte mich, ob ich nicht vielleicht gewachsen war in den letzten Tagen.

Eine unerklärliche Unruhe erfüllte mich, und ich fand nichts, womit ich mich ablenken konnte. Ein wenig verzweifelt legte ich meinen zusammengerollten Schlafsack auf den Boden, setzte mich im Schneidersitz auf ihn und startete eine geführte Meditation, die ich immer auf meinem Handy dabei hatte. Der Gong ertönte, und ich schloss meine Augen.

Stiller, klarer Bergsee …
… Ich stehe also am Ufer dieses Bergsees und beobachte die vorbeiziehenden Wolken, die sich in seiner glatten Oberfläche spiegeln. Ich bin ganz still und klar, so wie der See.

Eine Weile funktionierte das gut. Doch dann passierte etwas, das das Drehbuch der Meditation nicht vorsah.

Ganz unerwartet schießt ein Wesen mit der Gewaltigkeit eines Wals durch die Wasseroberfläche. Das Wasser spritzt in alle Richtungen. Ich gehe einen großen Schritt zurück, um nicht von den Wellen erfasst zu werden, die bis über das Ufer schwappen.
Dann erkenne ich ihn. Es ist Markus, mein Ex-Mann. Er steht da, in der Mitte des Sees, bis zur Hüfte mit Wasser bedeckt. An seinem nackten Oberkörper perlen die Wassertropfen ab. Er hebt seinen Arm und winkt mich zu sich. „Komm her, komm in meine Arme."
Doch ich bleibe stehen. Mit beiden Beinen fest auf dem Boden, sehe ich in seine flehenden Augen. Eine Weile

stehen wir so da, Auge in Auge.
Bis ich mit sanften Bewegungen ein Kopfschütteln andeute, das er aus der Entfernung nicht wahrnehmen kann. Mein Kopfschütteln wird stärker.
Dann drehe ich mich um und entferne mich mit bedächtigen Schritten vom Ufer.
„Alles Gute", flüstere ich, meinen Blick auf den Boden gesenkt, und schaue nicht mehr zurück.

Ich öffnete die Augen und streckte meine Beine aus, die mittlerweile eingeschlafen waren.

Ich reckte Arme und Oberkörper, um mich dann, etwas umständlich, von meinem Schlafsack zu erheben. Noch benommen von diesen Bildern schaute ich aus dem Fenster. Auf den Rursee.

Plötzlich ergab alles einen Sinn. Der Weg, auf dem ich am nächsten Tag laufen würde, heißt Markusweg.
Das begriff ich jetzt erst. Jörg, in dessen Gästezimmer ich letzte Nacht geschlafen hatte, hatte mir die Route beim Abendessen empfohlen.
Und dann dachte ich an meine Bootstour, die ich heute Mittag unternommen hatte. Ich war als einzige Passagierin auf dem See herumgeschippert und hatte in der Landschaft, die mich vom ersten Moment an faszinierte, viele Zeichen aus meiner Vergangenheit mit Markus gesehen. Erst war es das farbenfrohe Holzhäuschen am Ufer gewesen, an dem wir langsam vorbeifuhren, das mich in Gedanken zurück zu unserer gemeinsamen Fjordtour in Neuseeland gebracht hatte.
Es war ähnlich einsam auf dem Boot gewesen und auch

ähnlich kalt und windig. Kurze Zeit später hatte mir der Reiseleiter über den Lautsprecher erklärt, dass diese Landschaft der „Amazonas der Eifel“ genannt wird.
Auch in das Amazonasgebiet waren Markus und ich zusammen gereist. Wir brachten damals Ernesto aus dem peruanischen Dschungel mit.
Ernesto war eine handgroße Gottesanbeterin, die unser Dschungel-Guide Nelli aus einem frisch gepflückten Palmenblatt gebastelt und uns zum Abschied geschenkt hatte.
Als ich vor zwei Jahren aus unserer gemeinsamen Wohnung auszog, ließ ich fast alles zurück, Ernesto nahm ich aber mit. In letzter Sekunde, ich stand schon mit gepackten Sachen an der Tür, drehte ich nochmals um, um ihn aus dem Wohnzimmerregal zu holen.

Als ich vor vier Wochen meinen Rucksack für diese Wanderung packte, kam er wieder mit. Erneut in letzter Sekunde. Jetzt wusste ich, warum. Morgen würden Ernesto und ich unsere letzte gemeinsame Reise antreten. Morgen würde ich ihn hier, am Amazonas der Eifel, in die Freiheit entlassen.

Abb.: Ernesto vor unserem Abschied

★★★

In der Nacht nach Ernestos Befreiung hatte ich einen Traum. Ich saß am Ufer eines Flusses, als eine Flaschenpost so nah an mir vorbeizog, dass ich sie mühelos greifen konnte. Neugierig öffnete ich die Flasche, holte den Brief heraus und fing an zu lesen.

Guten Tag – wer auch immer das hier liest – mein Name ist Ernesto, und das hier ist meine Biografie.
Ich stamme aus dem peruanischen Dschungel, wo mich die zierlichen Hände einer Frau erstaunlich geschickt aus einem saftigen Palmenblatt formten. Sie hatte langes, schwarzes Haar und große, dunkle Augen. Ihre Stimme war warm wie Kakao.
Leider hatte ich keine Gelegenheit, sie näher kennenzulernen, denn rasch wurde ich in die kalten Hände einer Weißen übergeben, die mich mit müden Augen ansah. Neben ihr stand ein Mann, der die ganze Zeit redete.

Worte, die ich nicht verstand.
Mein Herz wollte davonrasen, doch mein Körper kam nicht vom Fleck. Dann wurde mir schwarz vor Augen.

Ich wachte in einer dunklen Holzhütte auf und kam nur langsam zur Besinnung. Ich saß auf dem Boden. Neben mir die zwei Fremden, die regungslos dalagen und tief und gleichmäßig atmeten. Was war passiert?
Was hatte das alles zu bedeuten? Ich zitterte am ganzen Leib. Es kostete mich Kraft, mein Schluchzen zu unterdrücken. Erst im Morgengrauen sank ich in einen leichten, unruhigen Schlaf.

Am nächsten Morgen wachten die beiden auf, und mein Herzrasen kam zurück.
Doch der Mann und die Frau verließen die Hütte bald, ohne mich zu beachten.
Sie kehrten erst abends zurück, und auch da schienen sie keine Notiz von mir zu nehmen.

So ging das ein paar Tage lang. Die meiste Zeit war ich allein. Abends, bevor die Frau schlafen ging, nahm sie mich manchmal in die Hände und schaute mich mit ihren großen, blaugrauen Augen an.
Dann sah ich inmitten von Traurigkeit und Erschöpfung ein liebevolles Funkeln in ihrem Blick, das mir Hoffnung gab. Manchmal streichelte sie mir über den Rücken. Ich sog ihre Berührungen auf, wie ein ausgetrockneter Schwamm, und wünschte mir, sie würde mich nie wieder loslassen.

Ich war zu aufgeregt zum Schlafen an diesen Tagen,

und so lenkte ich mich ab, indem ich aufmerksam die Geräusche studierte, die ich außerhalb der Hütte wahrnahm. Dieses quirlige Gezwitscher und Gezirpe, das von Blätterrascheln begleitet, und ab und an von aufgeregt schrillen Schreien durchbrochen wurde.
Mit Anbruch der Dunkelheit schienen sich die Bewohner dieser Gegend zu ihrer allabendlichen Orchesterprobe zusammenzufinden. Die einzigartigen Symphonien, die dabei entstanden, verliehen den Nächten eine so magische Stimmung, dass sie meine Fühler regelmäßig zum Vibrieren brachten. Jede Nacht malte ich mir aus, wie es sich anfühlen musste, Teil dieser Symphonie zu sein.

Noch heute träume ich davon. Dann stehe ich plötzlich auf dieser Bühne.
Das Scheinwerferlicht auf mich gerichtet, vor mir das Orchester. In meinen besten Frack gekleidet, schaue ich in die konzentrierten Gesichter all dieser Insekten, Gürtel-, Faultiere und Brüllaffen, die sich im Takt der Musik wiegen, den ich mit meinen Fangbeinen elegant in die schwüle, dunkle Luft zeichne.
Dann steigen mir sofort der würzige Geruch von feuchter Erde und der blumige Orchideenduft in die Nase.

Meine nächste konkrete Erinnerung setzt ein, als mich die Frau behutsam in weiche Decken hüllte und in eine Art Kiste verfrachtete. „Klack, klack" machte es und von da an war es stockfinster.
Dann und wann erschütterte mich unsanftes Ruckeln, manchmal wurde mir richtig schwindelig. Ab und zu hörte ich Stimmengewirr und andere Geräusche, die ich nicht zuordnen konnte. Doch die Finsternis blieb, und es

wurde kälter.
Ich hatte die Hoffnung aufgegeben, jemals wieder Sonnenlicht zu sehen, als sich plötzlich die Kiste öffnete, und mir ein grelles Weiß mit Wucht entgegen schoss.
Das Weiß verlor langsam an Kraft und ließ Umrisse von Menschenköpfen durchscheinen, die sich als die meiner Stiefeltern entpuppten.

Die Frau befreite mich vorsichtig aus den Decken, nahm mich aus der Kiste und setzte mich in ein weißes, rechteckiges Etwas, von dem ich später herausfand, dass sie es Regal nannte.
Ich sah mich um und erkannte nichts wieder. Weiße Wände mit großen Löchern, durch die Tageslicht hereinschien. Seltsame Gegenstände, die aus unterschiedlichsten, exotischen Materialien bestanden ... . Es fröstelte mich bei diesem Anblick.
Tag für Tag saß ich nun in diesem Regal. Und mit dem saftigen Grün meiner Hautfarbe, das langsam aus meinem Körper wich und sich in ein blasses Braun-beige verwandelte, schwanden auch meine Kraft und Hoffnung.

Der Raum wurde von einem schwarzen, rechteckigen Kasten dominiert, vor dem mein Stiefvater jeden Abend reglos saß und hineinstarrte.
Meine Stiefmutter saß meistens daneben. Sie wartete darauf, dass der kleine Zeiger der Uhr, die über der Tür hing, die Zehn und der große die Zwölf erreichte. Dann stand sie auf, küsste meinen Ziehvater flüchtig und verließ den Raum.

Es wurde kälter in diesem weißen Kerker, und mit der

Kälte wurde auch der Ton meines Stiefvaters rauer. Manchmal war seine Stimme so laut, dass ich zusammenzuckte. Die Abstände dazwischen wurden kürzer, während meine Stiefmutter immer stiller, ihre Haut blasser und ihr Körper dünner wurde.

Eines Tages stand sie vor mir, in der linken Hand die Kiste, in der ich hergekommen war. Auf dem Rücken ihr grüner Rucksack, den sie auch in Peru dabeihatte.
Irgendetwas in ihrem Blick hatte sich verändert. Das liebevolle Funkeln war in ihre Augen zurückgekehrt. Dieses Funkeln war es gewesen, das mich trotz meiner Furcht darauf vertrauen ließ, in ihrer Gegenwart sicher zu sein.
Sie nahm mich vorsichtig aus dem Regal, setzte mich in die Kiste und verstaute mich in der Vortasche ihres Rucksacks.
Dann hörte ich das Hallen ihrer Schritte im Treppenhaus, das von unsanften, ruckelnden Bewegungen begleitet wurde. Mit einem „Klack" fiel die Tür ins Schloss, und es wurde schlagartig kalt. Ich hörte seltsamen Lärm und fing an zu bibbern. Das Ruckeln nahm einen gleichmäßigen Rhythmus an, und die Geräusche veränderten sich ständig, wurden mal leiser, dann wieder lauter.
Allmählich, wir waren schon eine ganze Weile unterwegs, wurde der Lärm von Blätterrascheln und dem Knacken von Ästchen abgelöst, was mir so herrlich vertraut vorkam. Dann hörte ich Vogelgezwitscher.
Auch wenn es sich den Stimmen nach um sehr exotische Vögel handeln musste, konnte ich zum ersten Mal seit einer Ewigkeit aufatmen. Waren wir unterwegs nach Hause?
Die Kälte machte mir nichts mehr aus. Die Gedanken an

meine Heimat wärmten mich von innen. Ich malte mir aus, wie ich in ein paar Tagen die Sonne am Ufer des peruanischen Amazonas anbeten würde.
So ging das ein paar Tage lang. Abends kehrten wir in fremden Wohnzimmern oder Gaststuben ein, verbrachten die Nacht dort, um uns am frühen Morgen erneut auf den Weg zu machen.
Das sanfte, rhythmische Ruckeln ließ mich immer wieder eindösen und von zu Hause träumen.

Dann, eines Morgens, wir waren kaum drei Stunden unterwegs, passierte etwas Ungewöhnliches.
Der Reißverschluss der Vortasche, in der ich mich befand, ging auf. Ich blinzelte in das Licht.
Ihre Hände kamen mir entgegen, umfassten mich und setzten mich auf dem Holzgeländer einer Brücke ab, die über einen rauschenden Fluss führte. Sie sah mich mit einer Intensität an, die mir unheimlich war. Sie sah mich an, als wollte sie mich mit ihren Augen fotografieren.

„Es ist an der Zeit, Auf Wiedersehen zu sagen, Ernesto", sagte sie. Sie schloss die Augen und gab mir einen innigen Kuss. Ihre weichen Lippen streiften meine Fühler und ein Schauer lief über meinen Rücken.

Dann stieg sie mit mir zum Ufer hinunter, und ehe ich mich versah, setzte sie mich in den Fluss, der mich davontrug, bevor ich einen klaren Gedanken fassen konnte.

Die Kälte, die von einer Sekunde auf die andere meinen gesamten Körper erfasste, und das ohrenbetäubende Rauschen des Flusses überwältigten meine Sinne.

Als ich mich nach einigen Metern unfreiwillig auf den Rücken drehte, sah ich nur noch ihren grünen Rucksack hinter den Bäumen verschwinden.

Ich war mir sicher, dass meine letzte Stunde geschlagen hatte. Noch einmal hörte ich ihre Stimme, spürte ihre warmen, weichen Handflächen, sah mich auf der Orchesterbühne im Dschungel, dann im weißen Regal-Gefängnis. Ich spürte die gemütliche Vorfreude, die ich im Rucksack empfand, und kehrte dann in das klirrend kalte Wasser zurück, das mich davontrug und irgendwann an Land spülte. Ich war in Sicherheit.
Meine Angst verwandelte sich in unbändige Wut. Wie konnte sich mich nur hier zurücklassen!?

Das ist nun einige Vollmonde her. So langsam fange ich an, mich hier einzurichten. Das Leben kehrt in meinen Körper zurück. Mein Teint bekommt wieder Farbe. Ein gesundes Grün, wie ich finde. Meine Beine sind muskulöser geworden, und jeden Tag wage ich mich ein bisschen weiter aus meinem Territorium hervor.
Ein paar Kontakte zu Artgenossen habe ich auch schon geschlossen. Gut, die kulturellen Unterschiede sind zu bemerken, aber mit ein bisschen Offenheit bereichert dieser Austausch sehr. Und dann gibt es da diese aparte Zartschrecke, die mir vor ein paar Tagen zufällig über den Weg hüpfte. Ein entzückendes Geschöpf!

Ja, es ist allemal besser als jedes Regal. Doch auch heute noch gibt es Momente, in denen ich mich wieder in die Vortasche ihres Rucksacks zurücksehne.
Sollten Sie, liebe Leserin oder lieber Leser, meiner Stief-

mutter einmal begegnen, richten Sie ihr meine dankbaren Grüße aus. Und sagen Sie ihr, ich wünsche ihr von Herzen, dass auch sie ihren Amazonas findet!

★★★

Ich sitze auf der Bank vor einer Schutzhütte auf einem Berg. Ich atme die klare Luft und genieße die ersten warmen Sonnenstrahlen dieses sonst frischen Morgen.
Ich bin allein hier oben und blicke auf Bolsdorf herab. Ein kleiner, beschaulicher Ort in der Eifel. Von dort komme ich gerade. Aber wohin gehe ich? Wo ist mein Zuhause? Tränen wandern in meine Augen. Es ist ok, sage ich mir, ich darf nicht wissen. Ich werde einfach weitergehen. Den nächsten Schritt auf der heutigen Etappe.
Mehr nicht. Ich stehe auf und drehe mich zur Hütte, um meinen Rucksack aufzusetzen. Dabei fällt mein Blick auf ein Schild, das den Namen der Schutzhütte trägt. Sie heißt: „Heimatblick“.

★★★

Ich traf sie in Kall, in einem Dorf inmitten der Eifel. Die Nacht hatte ich im „Hüttenhof“ verbracht, einem Gasthof unter der Leitung von Dieter, der sich dem „Eifler Barock“ verschrieben hatte.

Vor allem zeichnet sich diese innenarchitektonische Stilrichtung durch schwere, dunkle Möbel und Vorhänge aus, die von einer gut ein Zentimeter hohen Staubschicht und durch so wenig Frischluftzufuhr wie möglich konserviert wurden. Gepaart mit einem 30, besser 40 Jahre alten, niemals gereinigten Teppich, entsteht die unnachahmliche Duftnote, die unter Kennern auch als "Eifler Muff" bekannt ist. Hübscher Porzellankrimskrams und vergilbte Stoffpflanzen an allen möglichen und unmöglichen Stellen runden die Einrichtung ab.

Aber das nur nebenbei.

Ich traf sie also morgens in Kall, am Bahnhof. Eigentlich wollte ich längst auf dem Eifelsteig über Einruhr nach Gemünd unterwegs sein, um dann abends in Lammersdorf bei meiner Couchsurfing-Verabredung für die Nacht einzutreffen. Ich wusste, der heutige Tag wird nicht einfach. Aber deswegen war ich ja unterwegs! Um zu laufen, um an meine Grenzen zu gehen und ja, vielleicht auch ein bisschen darüber hinaus.

Ich brauchte noch Proviant für diesen langen, beschwerlichen Weg. Und so entschloss ich mich, obwohl die Zeit drängte, noch schnell in eine Bäckerei zu gehen.
Mein Freund Google wies mir den Weg, und so stand ich nach einigen Minuten vor einer Backtheke im Kaller Bahnhof und bestellte mir ein belegtes Brötchen und dazu einen Cappuccino.
Das kleine Bahnhofs-Café, das sich durch gläserne Wände vom Rest der Bäckerei abgrenzte, lachte mich an. Irgendetwas in mir hatte es plötzlich nicht mehr eilig. Ich suchte mir einen Platz in dem Café, um noch in Ruhe zu frühstücken und Energie für den Tag zu tanken.
Ein bunt gemischtes Publikum verursachte ein ständiges Rein und Raus, Tür auf, Tür zu. Brötchen- und Kaffeeduft, vermischt mit dem exklusiven Rasierwasser eines

Herren im Anzug, der in sein Handy vertieft vor einer Tasse Kaffee saß, stieg mir in die Nase.
Links von mir saß eine für diese Uhrzeit sehr muntere Gruppe Handwerker türkischer Abstammung, die bei Kaffee und Brötchen begleitet von ausschweifender Gestik über die Schlagzeilen der druckfrischen Tageszeitung diskutierten.

Schräg gegenüber saß sie, mit übereinandergeschlagenen Beinen und bemerkenswert geradem Rücken auf einem Hocker, an einem Stehtisch.
Sie trug blaue Jeans, einen schlichten blaugrauen Pullover und weiße Turnschuhe. Ihre grauen Locken hatte sie durch einen sportlich-praktischen Kurzhaarschnitt gezähmt. Ihr Gesicht, das sicher schon einige Geschichten zu erzählen hatte, war von der Sonne sanft getönt.
Diese Bräune stand ihr gut. Ich erinnere mich noch an ihren ernsten Blick, den sie immer wieder auf ihr Handy richtete.

Irgendetwas in mir bewegte mich dazu, aufzustehen und zu ihr zu gehen. Sie zu fragen, was ich tun solle.
Ob es möglich sei, die Wegstrecke, die ich mir für heute vorgenommen hatte, zu bewältigen. Ich ahnte, dass sie mir weiterhelfen konnte.

„Entschuldigung, darf ich sie etwas fragen?“ brachte ich schüchtern und zögerlich hervor.
Meine Stimme war belegt. Ich hatte sie selbst zum ersten Mal an diesem Morgen gehört.

Ein paar Minuten später standen wir zusammen am

Kaller Busbahnhof. „Ich heiße übrigens Irmgard", sagte sie, während wir auf den Bus warteten, der mich nach Gemünd und sie zu den Narzissenfeldern in die Eifel bringen sollte.

Irmgard kannte die Gegend wie ihre Westentasche. Sie riet mir dringend, meine Wegstrecke mit dem Bus abzukürzen, denn sie hatte einige Steigungen zu bieten.

„Fahren Sie mit dem Bus bis nach Gemünd. Dort befindet sich das Tor zum Nationalpark Eifel. Bis dahin verpassen Sie nichts außer öder Landstraße."
Hmmm, wer weiß das schon, dachte ich mir, aber das Argument mit den Steigungen überzeugte mich.

Wir kamen ins Reden. Ich erzählte ihr von meiner planlosen Pilgerschaft und meinem Vorhaben, mich auf meinem Weg von meiner Intuition leiten zu lassen. Sie hörte aufmerksam zu und erzählte dann von sich.
Ich erfuhr, dass Irmgard 76 Jahre alt und seit zwei Jahren geschieden war. Von einem stattlichen Haus in bester Lage war sie in ein Zwei-Zimmer-Appartement gezogen. „Jetzt bin ich frei und unabhängig! Das ist mir mehr wert als jeder Reichtum dieser Welt", erklärte sie mit hochgradig ansteckender Begeisterung. Frei und unabhängig, diese beiden Worte hallten noch lange in mir nach.

Unsere gemeinsame Busfahrt dauerte genau sechs Minuten. Sechs Minuten, die sich für mich anfühlten wie eine ganze Stunde, so sehr sog ich ihre Worte in mir auf. Kurz bevor der Bus in Gemünd zum Halten kam, kramte Irmgard in ihrer Handtasche, holte ein zerknittertes Blatt

Papier hervor und kritzelte schnell etwas darauf.
„Hier meine Telefonnummer," sagte sie mit ihrer leicht rauen Stimme, während sie mir das Zettelchen entschlossen in die Hand drückte. Dabei sah sie mich an.

„Wenn Sie durch Gerolstein kommen, dann melden Sie sich. Dieses Couchsurfing, ich habe das letztens im Fernsehen gesehen. Ich will auch mal Couchsurfing-Gastgeberin sein. Wir müssten allerdings gemeinsam in einem Zimmer schlafen, aber wenn Ihnen das nichts ausmacht… ."

Überrascht schloss ich die Finger um das Zettelchen. In diesem Moment noch unsicher, ob ich ihr Angebot annehmen würde. Zumal ich keine Ahnung hatte, wo Gerolstein liegt.

„Äh, ja danke, das ist … lieb … Ich, ich weiß noch gar nicht genau, ob ich in Gerolstein vorbeikomme, aber wenn … dann, dann melde ich mich … Danke! Vielen Dank!"

Wir, ich mittlerweile am Straßenrand stehend, verabschiedeten uns unter beständigem Winken, während der Bus langsam wieder Fahrt aufnahm.
Immer wieder schauten wir uns an und winkten uns ein weiteres „Wie schön, dass wir uns getroffen haben" zu.

Als der Bus hinter der nächsten Kurve verschwunden war, starrte ich noch immer auf den Zettel. Ein Grinsen machte sich auf meinem Gesicht breit, und verwandelte sich bald in ein herzhaftes Lachen. Kopfschüttelnd steckte ich das Zettelchen in meine Hüfttasche, in der ich all meine Kostbarkeiten aufbewahrte. Dann machte ich mich mit leichten Füßen auf den Weg nach Lammersdorf.

★★★

Drei Jahre ist diese erste Begegnung mit Irmgard nun her. Seit meiner Übernachtung bei ihr – ich schlief im Bett ihrer Enkel, mit ihr in einem Schlafzimmer — treffen wir uns jedes Jahr im April an unserem Bahnhof in Kall.
Etwa eine Woche bevor die Narzissen blühen, erhalte ich einen Brief von ihr, in dem sie mir ihre freien Termine vorschlägt. Irmgards Terminkalender ist immer ziemlich voll.

Wenn ich mit meinem Corsa am Kaller Bahnhof vorfahre, steht Irmgard schon freudig winkend vor der Bahnhofshalle. Ich steige aus, wir umarmen uns kurz und sagen uns, wie sehr wir uns freuen, uns wiederzusehen. Dann steigen wir ein und fahren Richtung Hellenthal.

Dieses Mal entschuldige ich mich dafür, dass mein Auto etwas streng nach Hundekotze riecht. „Stimmt. Ich werde es überleben" ist alles, was Irmgard dazu sagt. Dafür liebe ich sie.
Auf dem Weg nach Hellenthal lassen Irmgard und ich unsere erste Begegnung, wie jedes Jahr, noch einmal Revue passieren. „Es ist überhaupt nicht meine Art, fremde Leute bei mir übernachten zu lassen, aber du warst mir auf Anhieb sympathisch", sagt sie dann.
Und: „Ich hatte dieses Couchsurfing ein paar Tage davor im Fernsehen gesehen. Nachdem ich dir die Übernachtung angeboten hatte, ging mir ganz schön die Muffe.

Aber ich bin so froh, dass ich mich trotzdem getraut habe. Es hat mein Vertrauen gestärkt."
Ich erzähle ihr jedes Mal, dass ich weiterhin jeden Morgen einen halben Liter warmes Wasser auf nüchternem Magen trinke, so wie sie es tut. Das bringe Stoffwechsel und Verdauung in Schwung, sagt Irmgard.
Ich erzähle ihr auch, dass ich sehr oft an die Irmgard'sche Bedürfnispyramide denke, die ich nach meinem Besuch bei ihr in mein Reisetagebuch gezeichnet habe.
In Irmgards Bedürfnispyramide ist ihre eigene Lebensfreude die Basis für alles Weitere. Darauf folgt regelmäßige Bewegung. Irmgard geht zweimal in der Woche schwimmen und erledigt vieles zu Fuß.
Dann kommen gute Freunde und eine für sie sehr wichtige Tugend: Bescheidenheit. Sie bereut es nicht, von einem geräumigen Haus in Hanglage in ihr Zwei-Zimmer-Appartement gezogen zu sein. Ihre Unabhängigkeit ist ihr wichtig, und dafür verzichtet sie gerne auf Komfort. Auch ein strukturierter Tages- und Wochenablauf zählt zu den Geheimnissen ihres guten Lebens.

In der Eifel angekommen, laufen wir zwei bis drei Stündchen durch die Narzissenfelder, bewundern die gelbe Blütenpracht und bringen uns auf den neuesten Stand.
Irmgard erzählt von ihren jüngsten Reisen, und ich von meinen neuesten Fortschritten auf meinem Weg in mein echtes Leben. Sie hört geduldig zu und motiviert mich zum Weitergehen.
In unseren Gesprächen geht es um Elternliebe, Tochtersein und die Beziehung zu Vater und Mutter.
Da Irmgard genauso alt ist wie mein Vater und seit ihrer Scheidung genauso unangepasst lebt wie ich, ist sie eine

wunderbare Vermittlerin zwischen beiden Welten.
Zum Abschied erklärt die inzwischen 80-Jährige: „Britta, jetzt waren wir schon zum dritten Mal hier. Langsam wird es langweilig. Es ist Zeit für was Neues!“

★★★

„Kann ich Ihnen helfen?!“, rief ich, während ich auf den Mann zueilte, der gerade mit Mühe versuchte, sein voll bepacktes Fahrrad die Treppe zum Gleis hinauf zu schieben. Ich sah ihn nur von hinten und wartete seine Antwort nicht ab. Zu zweit beförderten wir seinen Packesel im Nu nach oben. Oben angekommen, pustete er durch.
„Danke, das ist sehr nett von Ihnen“, japste er verlegen.
„Ich bin übrigens Ralf“, sagte er und streckte mir seine Hand entgegen.

Ralf war ein großer und erstaunlich rüstiger Mann von 70 Jahren, erfuhr ich später. Weiße, strubbelige Haare, weißer Bart und sein Gesicht von der Sonne gebräunt. Die Schweißperlen auf seiner Stirn ließen erahnen, dass er sich schon seit ein paar Minuten gequält hatte.

Wie wir an Gepäck und Kleidung erkennen konnten, waren wir beide auf ähnlichen Wegen unterwegs. Ich zu Fuß, und er mit dem Fahrrad.
Ich kam gerade von Irmgard, der frisch gebackenen Couchsurferin, bei der ich übernachtet hatte.
Entsetzt darüber, dass ich noch nie in der ältesten Stadt Deutschlands gewesen war, hatte mir Irmgard vorgeschlagen, einen Tag Pause einzulegen und mit dem Zug nach Trier zu fahren. Und deshalb stand ich jetzt am Ge-

rolsteiner Bahnhof. Warum Ralf an diesem Morgen den Zug nahm, weiß ich nicht mehr.

Ich half Ralf noch, sein Fahrrad in den Zug zu tragen, bevor wir uns einen Platz suchten und die Zeit nutzten, um ein wenig zu reden.

Na ja, eigentlich redete hauptsächlich er, und ich hörte zu. Ich erfuhr, dass er aus Hamburg kam und auf dem Jakobsweg unterwegs war. Nicht zum ersten Mal. Seinem Gepäck nach zu urteilen, hätte ich auf Weltreise mit Open End getippt. Er hatte alles dabei, was man sich vorstellen kann. „Das meiste davon habe ich noch gar nicht gebraucht.“, sagte er.
Ja, das glaubte ich ihm sofort. Planungssicherheit kann ganz schön schwer wiegen, dachte ich und freute mich insgeheim über mein vergleichsweise leichtes Gepäck.
Während er redete, kramte er nervös in seinen Taschen. Irgendwann gab er auf und beschloss, sich einfach einen neuen Pilgerführer zu kaufen.

„Was machst du denn beruflich?“, fragte er mich. Ich kam ins Stottern und bemerkte die leichte Hitzewelle auf meinem Gesicht. „Also ähm, studiert habe ich Wirtschaftsingenieurwesen. Die letzten Jahre bin ich Vorstandsassistentin gewesen und gleichzeitig Abteilungsleiterin.
Aber ich habe vor Kurzem meinen Job geschmissen und bin gerade dabei einen neuen Weg zu finden. Was nach dieser Reise kommt, weiß ich noch nicht.“
Ich wartete auf den verständnislosen Blick.

Stattdessen präsentierte mir Ralf ein buntes Potpourri

an Impressionen aus seinem offensichtlich dynamischen Berufsleben. Doch so hatte es sich für ihn lange Zeit nicht angefühlt. Eher wie ein Flickenteppich aus zusammenhanglosen Stofffetzen, verriet er mir.
Als junger Mann war er in einer Nacht- und Nebelaktion vor der Priesterweihe geflohen. Außerdem berichtete er stolz, dass er anerkannter Kriegsdienstverweigerer und ausgebildeter Schiffsbauer sei. Er erwähnte noch weitere Berufe, an die ich mich nicht mehr erinnere.
Schließlich sagte Ralf etwas, das mir sehr wohl in Erinnerung blieb:

„Alles ergab erst einen Sinn, als ich vor mehr als zehn Jahren einen Job als Produktionsleiter beim NDR bekam. Erst da wurde mir klar, dass ich jede einzelne Erfahrung und jeden Umweg gebraucht hatte, um diesen Beruf mit dieser Leidenschaft ausüben zu können. Wie sagt man so schön? Umwege erhöhen die Ortskenntnis."

★★★

Ich lief auf dem grünen, weichen Fell des Hunsrücken. Es war kalt dort oben, bitterkalt. Ich trug alles, was mein mobiler Kleiderschrank hergab. Der Himmel war gräulich, die Sicht leicht trüb. Ich beobachtete, wie mein Atem in die feuchte, kalte Luft hinausströmte. Ich war allein.

Vereinzelte Windräder in der Ferne, ein Spielzeugdorf rechts unter mir, und vor mir der scheinbar nicht enden wollende Bergkamm.
Das Bild von einer großen Tasse heißem Milchkaffee, an dem ich meine steif gefrorenen Finger wärmen könnte,

machte sich in meinem Kopf breit. Mein Blick war wie durch Scheuklappen nach vorne fixiert. Ich lief schneller als sonst, um mich warm zu halten.

Am Rand meines Sichtfelds nahm ich plötzlich ein Dutzend weißer Blütenblätter wahr, die fröhlich durch die Luft tanzten. Frühling! Es wird Frühling!
Entzückt aber verdutzt wollte ich den Absender der frohen Botschaft ausfindig machen.
Ich meinte mich zu erinnern, dass ich in den vergangenen Stunden weit und breit keinen Baum gesehen hatte.
Ich drehte mich um und erstarrte.
Tiefschwarze Wolkenberge schwebten geräuschlos auf mich zu. Wind kam auf. Die Blütenblätter entpuppten sich als Schneeflocken, die sich mittlerweile schnell zu ganzen Flockenheeren zusammentaten. Sie führten einen wilden Kriegstanz für mich auf.

Mist! Ich hatte keine Ahnung, wie weit der Weg noch war, und keine Erfahrung mit Schneestürmen auf einsamen Bergkämmen. In meiner Luftröhre wurde es eng.
Meine Beine machten sich selbstständig, wollten nur noch weg. Die zwölf Kilogramm auf meinem Rücken zerrten dabei gewaltig an Schultern und Nacken.

Abrupt und ziemlich ratlos blieb ich stehen. Ich schloss die Augen, wohlwissend, dass mir das graue Monster im Nacken saß. Ich spürte, wie es näher rückte, immer näher. Ich atmete tief ein und wieder aus. Nur keine Panik. Das wird schon.

Ich öffnete meine Augen und setzte meinen Weg fort.

Dann entdeckte ich ein kleines, schwarzes Männchen, das sich vor mir auf dem Bergkamm bewegte.
Wie weit war es wohl weg? Es trug einen knöchellangen Mantel und einen Hut, soviel konnte ich erkennen.
Mit einem Schirm in seiner rechten Hand, den es als Gehstock benutzte, spazierte es seelenruhig im Sonntagstempo den Bergkamm entlang. Dieser Anblick wirkte wie Johanniskraut auf mich – stimmungsaufhellend und angstlösend.
Mit neuem Mut lief ich weiter, langsam und gemächlich. So wie das Männchen vor mir, das ich nicht mehr aus den Augen ließ.

Plötzlich war es verschwunden, so schnell wie es gekommen war. Für einen kurzen Moment zweifelte ich an mir, kniff meine Augen fest zusammen. Nichts. Doch ich bin sicher, es war da.

★★★

Ich sitze in der Kapelle von St. Marguerite, einem Sieben-Häuser-Dorf, in dem es nur eine Straße gibt.
Der Jakobsweg hat mich hierhergeführt. Seit Trier bin ich auf ihm unterwegs. Ich spüre den Sog der vielen Seelen, die schon auf ihm gewandert sind und das gleiche Ziel hatten.

Den Schlüssel zur Kapelle habe ich von Monique, meiner Herbergsmutter in St. Marguerite.
An dem Schlüssel befinden sich ein Holzkreuz und ein Rosenkranz als Anhänger. Ich halte den Schlüssel ehrfürchtig in meinen Händen. Ich bin dankbar für die uner-

wartete Gelegenheit, an diesem besonderen Ort alleine Zeit zu verbringen.

Mit viel Mühe habe ich mich gestern Abend dazu durchgerungen, noch einen Tag länger zu bleiben und die Einsamkeit dieses Ortes zu genießen.

★★★

Warum ist es für mich einfacher, mich dafür zu entscheiden, mich 26 Kilometer mit zwölf Kilo Gewicht auf den Schultern und nassen Klamotten durch den Regen zu quälen, als einen Ruhetag an einem Ort einzulegen, der mir gefällt? Ist es die Angst, etwas zu verpassen? Oder die Überzeugung, nur wertvoll zu sein, wenn ich etwas leiste? Dass ich nur mit guten Gedanken und Einsichten belohnt werde, wenn ich laufe und leide? Ist das wirklich so? Ich will es herausfinden und bleibe hier.

Eintrag aus meinem Reisetagebuch, 26.04.2016

Noch vor einer halben Stunde haben Monique und ich zusammen am Frühstückstisch gesessen. Bei altem Brot mit Butter und Marmelade, eingetunkt in schwarzen Kaffee, ging es um Grenzen, Wurzeln und Identität.
Die Landesgrenze von Frankreich ist ein paar Mal verschoben worden, und so kommt es, dass ihre Familie mal zu Deutschland und dann wieder zu Frankreich gehörte. Das nagt an den eigenen Wurzeln, obwohl es auf den ersten Blick nur äußerliche Grenzen sind. Als Mensch will man irgendwo dazu gehören, denke ich.

„In den letzten drei Wochen ihres Lebens hat sie mir all das gegeben, wonach ich mich mein Leben lang sehnte", sagte Monique mir unter Tränen, als sie von ihrer Mutter erzählte.

„Meine Mutter hat sich nicht gewollt gefühlt auf dieser Welt, das saß ganz tief bei ihr.
Für ihr „Ich liebe dich" in ihren letzten Tagen hat sich das Warten gelohnt. Ganz weich wurde sie plötzlich und ich sah endlich sie, meine Mutter."

Nach meinem Besuch in der Kapelle, machte ich es mir in meinem Zimmer gemütlich. Zuerst blätterte ich in der Hausarbeit von Moniques Tochter, die sie mir beim Frühstück anvertraut hatte.
Sie handelte von der Entwicklungsgeschichte dieses Ortes und ihrer Familiengeschichte. Ich verstand aufgrund der Sprache nicht wirklich viel. Aber ich konnte die enorme Kraft der familiären Wurzeln spüren.

Im Bücherregal in meinem Zimmer entdeckte ich dann

ein Buch von Max Frisch: *Stiller*. Ein Buch, das immer wieder Gesprächsthema in meinem Schreibkurs gewesen war. Jetzt hatte ich die Möglichkeit, es zu lesen. Und meine Kleidung hatte Zeit zu trocknen. Der gestrige Tag war ein einziger Regenschauer gewesen.
Während ich, eingehüllt in weiche Decken, im Bett lag und las, klopfte es an meiner Zimmertür. Ich rief „Entrez“ und eine Hand mit einer angebrochenen Flasche Wein schwebte durch den Spalt in der Tür. Die Hand gehörte Monique.

„Ich dachte, der könnte dir vielleicht schmecken. Mach es dir gemütlich, ich fahre jetzt in die Stadt und komme erst heute Abend zurück.“

Geborgenheit bei Monique Keller.

★★★

„Dass ein Leben ein wirkliches Leben gewesen ist, es ist schwer zu sagen, worauf es ankommt. Ich nenne es Wirklichkeit, doch was heißt das! Sie können auch sagen: Dass einer mit sich selbst identisch wird. Andernfalls ist er nie gewesen!“

Aus: Max Frisch: *Stiller*

★★★

Ich war auf dem Jakobsweg Richtung Metz unterwegs. Schon eine ganze Weile lief ich gedankenverloren durch die Gegend. Da entdeckte ich am Wegesrand einen Holzpfahl mit der Jakobsmuschel darauf.

Es war ein gewöhnlicher Wegweiser, doch das Schild darunter machte mich stutzig. Ich sah es zum ersten Mal. „Ultreia“ stand darauf. Ultreia, das hatte ich schon einmal gehört. Ich grübelte eine Weile. Dann fiel es mir wieder ein. Obwohl ich alleine war, lief ich rot an. Meine Güte, was hatte der Herr bloß von mir gedacht!? Ich hatte ihn angeschrieben, als ich noch vorhatte, den Via Francigena von Canterbury nach Rom zu gehen.

Der Herr, er hieß Herman, war den Via Francigena schon gegangen, und deshalb stellte ich ihm per E-Mail ein paar Fragen. Seine Antwort war mit „Ultreia“ unterzeichnet.
Ich vermutete, das sei der Vorname seiner Frau, die stellvertretend für ihn geantwortet hatte.
Also antwortete ich auf die E-Mail, um mich für die Tipps zu bedanken.
Ich begann meine Nachricht mit „Liebe Ultreia, … .“

Ultreia ist ein alter Pilgergruß, erst jetzt verstand ich das. Als der erste Schock überwunden war, prustete ich los. Ich beschloss, mich nach meiner Rückkehr bei „Ultreia“ zu melden und den Irrtum aufzuklären.

Dabei ist es bis heute geblieben. Jetzt lacht Herman, vermutlich sein Leben lang, über die Frau, die ihn Ultreia nannte.

★★★

Als ich in Metz ankam, fing das französische Leben an. Ich war überrascht, wie mediterran diese Stadt aussah. Ich frühstückte Croissants mit Café au Lait auf der Stadt-

mauer und aß am Nachmittag Blaubeertarte mit Sahne in einem Salon de Thé, umgeben von adrett gekleideten, französischen Damen.
Dazwischen schlenderte ich durch die Gassen und aß in der Markthalle zu Mittag. In einem Secondhand-Laden am Rande der Stadt kaufte ich mir ein luftiges Kleid in Pastellrosa. Ich fühlte mich darin wie eine Dame und beschloss, ein paar Tage zu bleiben.

Die ersten zwei Nächte verbrachte ich bei Pia, einer gebürtigen Freiburgerin, die in Metz Kunst studierte. Auch sie hatte ich über Couchsurfing gefunden. Wir verstanden uns auf Anhieb und hatten viel zu bereden.
Ich verliebte mich sofort in das alte, verfallene Haus, in dem sie lebte. Schon als ich vor der verwitterten, petrolfarbenen Haustür stand, fing mein Herz stärker an zu klopfen.

Mit Pia lebten noch andere junge Menschen in diesem charmanten Heim.
Wieviele es waren, fand ich nie heraus, denn dieses verwunschene Häuschen glich einem Bienenstock für Junge, Kreative. Ich erinnere mich noch gut an den hübschen Gärtner, der tagtäglich in seinem kleinen Gärtchen hinter dem Haus vor sich hin grub und pflanzte, und an die angehende Opernsängerin und ihr Trällern, das mittags aus ihrem Zimmer kam. Einmal traf ich sie in der Küche, und sie schwärmte von deutschen Künstlern.

Pia lebte im kleinsten und günstigsten Zimmer von allen, in der zweiten Etage, ganz hinten rechts. Das Zimmer war lang und schmal, mit hohen Decken.
Schon beim Betreten ihrer vier Wände fiel mir auf, wie

raffiniert sie die eher ungünstige Raumform nutzte.
Trotz des geringen Stauraums hatten all ihre Dinge, von denen es zugegebenermaßen auch nur wenige gab, ihren Platz. Besonders beeindruckte mich ihr Bett, das zunächst wie ein puristisches, hölzernes Einzelbett schien, mit einem Handgriff aber zu einem Doppelbett umfunktioniert werden konnte.

Auf ihre große, weiße Teetasse war in Handschrift folgender Spruch aufgetragen: „Das Problem ist, dass intelligente Menschen ständig zweifeln, während dumme Menschen sich stets ganz sicher sind."
Ich vermute, diese Tasse war ein Geschenk einer Freundin, die sie gut kennt.

Neben dem Bett und der Teetasse gab es ein hüfthohes Regal mit wenigen Büchern, einen Wasserkocher, der auf einem kleinen Beistelltisch stand, und ein Wandregal, das hinter einem grünen Vorhang verschwand.
An der Wand hingen Fotos, unter anderem von Pias jüngerem Bruder. In der Nähe der Tür klebte ein aus grünem Karton ausgeschnittener Stern mit der Aufschrift: „Wenn du Märchenaugen hast, ist die Welt voller Wunder."
Eine abstrakte Zeichnung, die Pia in ihrem Kunststudium angefertigt hatte, thronte über ihrem Bett. Sie zeigte sie selbst. Zum Kunststudium war sie so gekommen, wie die Jungfrau zum Kind.
Davor hatte sie Geographie studiert, hatte aber gemerkt, dass sie dafür nicht sonderlich brannte. Für eine Sache, in die sie Zeit investiert zu brennen, schien ihr wichtig zu sein.
An einem der Abende gingen wir zu einem Couchsur-

fing-Treffen in einem Pub, zu dem eine uns unbekannte Couchsurferin eingeladen hatte.
Jeder sollte eine Spezialität aus seinem Land mitbringen. Wegen meiner ostwestfälischen Wurzeln schlug ich spontan Pumpernickeltorte vor. Hierzu wechselt man mit Butter beschmierte Schwarzbrotscheiben und Käse solange ab, bis ein Kuchen daraus entsteht, den man dann in kleine Häppchen teilt.
Bei meinem Vorschlag hatte ich nicht bedacht, dass Pia vegan lebt. Ihr schien das nichts auszumachen, und so präsentierten wir unsere krümelige Ostwestfalentorte dem internationalen Publikum.
Ich schämte mich ein bisschen dafür, denn unser Beitrag war mit Abstand der unästhetischste. Am Ende aber auch der mit den wenigsten Resten. Darüber amüsierten wir uns sehr.

★★★

Gerade mal 19 ist sie, und so klug. Ich hatte nichts als ein abenteuerlustiges Mädchen erwartet, das neue Leute kennenlernen will. Doch sie weiß schon so viel vom Leben. Pia ist so ein offenes, vertrauendes Wesen. Das macht Mut für die Zukunft dieser Welt … .

Eintrag aus meinem Reisetagebuch, 28.04.2016

Dieses Gefühl kann ich auch heute noch nachvollziehen, denn ich bin immer wieder erstaunt über ihr Wissen, die gesellschaftlichen und teilweise sehr speziellen Themen, mit denen sie sich auseinandersetzt und mit welcher Energie die Gedanken aus ihr heraussprudeln.

Ein paar Wochen nach meiner Wanderung überließ sie mir ihr WG-Zimmer in Metz für zwei ganze Wochen, weil sie selbst verreist war. Dieses Mal fuhr ich mit dem Auto hin, und ließ das französische Leben ein weiteres Mal durch meine Adern fließen. Was für ein Geschenk!

Pia lebt mittlerweile in Münster. Wir sind Freundinnen geworden. Sie verhalf mir zu meinem ersten eigenen Workshop mit dem Titel „Lebensschnittstellen", den ich in den Räumlichkeiten der Kunsthochschule Münster veranstalten durfte.

★★★

Unter dem Klingeln eines Glöckchens öffne ich die schwere Holztür zum Antiquariat.
Es riecht ein wenig muffig. Mit einem zaghaften „Bonjour" begrüße ich den Ladenbesitzer hinter dem Tresen, der angeregt mit einem Kunden spricht, der vor dem dunklen, massiven Tresen steht.
Ich nutze die Zeit, um mich ein wenig umzusehen in dieser für mich neuen Welt.
Ich suche nichts, will nur ein wenig stöbern. Um nicht mit leeren Händen zu gehen, beschließe ich, als Erinnerung zwei Postkarten mitzunehmen.

„Wo kommen Sie her?", fragt mich der Ladenbesitzer beim Bezahlen. Ich weiß nicht mehr, ob auf Englisch oder Französisch. „Aus Deutschland", antworte ich zögernd. „Sie sagen das, als würden Sie sich dafür schämen. Seien Sie stolz darauf, Deutsche zu sein, Deutschland ist ein tolles Land!", erwidert er. Ich sehe ihn ungläubig an. Das aus dem Mund eines Franzosen?

Doch er hat Recht. Immer, wenn ich erwähne, dass ich Deutsche bin, sage ich das mit einem „Entschuldigung" im Ton, und mein Blick geht zu Boden.
Nicht nur auf dieser, sondern auch auf jeder anderen Reise. Ich schäme mich für unsere dunkle Vergangenheit. Manchmal ist mir das mehr und manchmal weniger bewusst. Mein Verstand weiß, ich kann nichts dafür, doch die Vergangenheit wohnt in mir, ob ich das will oder nicht.

Ich musste an mein Gespräch mit Heike aus Weilerswist denken, bei der ich meine erste Nacht verbrachte.
Nachdem sie mir die Geschichte von ihrem wieder gefundenen Opa erzählte, redeten wir über den Krieg und seine Auswirkungen auf uns. Sie empfahl mir als Lektüre die Trilogie *Kriegskinder, Nachkriegskinder und Nachkriegsenkel* von Sabine Bode. Die Autorin beschreibt ausführlich, was der Krieg mit uns gemacht hat, und wie er sich auf unser Kollektivbewusstsein auswirkt.
„Auch unsere Generation ist noch betroffen", sagte Heike. Ich beschloss die Bücher zu lesen. Denn spätestens da wurde mir klar: Wir können nicht vor unserer Vergangenheit flüchten.

Auch wurde mir da erst so richtig bewusst, dass auch

mein Vater ein Kriegskind ist. Mit sechs Jahren traf er seinen Vater zum ersten Mal. Er war in Gefangenschaft in Italien gewesen.
Dann stand er eines Tages plötzlich auf dem Hof, für meinen Vater ein fremder Mann, und schaute ihn, ohne etwas zu sagen, an. In diesem Moment war ihm „Angst und Bange“ gewesen, erzählte mein Vater mir auf seinem 80. Geburtstag.

Was für ein Gefühl muss das sein, die ersten sechs Jahre im Krieg aufzuwachsen, unter fünf Geschwistern, ohne die Rückendeckung eines väterlichen Beschützers? Leisten, um zu überleben, war das Lebensmotto. Leisten, um geliebt zu werden.

Auch meine Mutter wurde im Krieg geboren. Die ersten zwei Jahre war sie mit meiner Oma allein. Neben ihren mütterlichen Pflichten, baute meine Oma das Haus, in dem meine Mutter und ihre Schwester groß geworden sind. Kriegsgefangene aus Russland halfen ihr dabei. Wie hart muss das gewesen sein?

Ich fing an, sie zu verstehen. Und mich auch ein bisschen mehr.

★★★

Für die dritte Nacht in Metz zog ich mich in eine Jugendherberge zurück. Ich wollte allein sein, um zu verdauen. Gemeinschaft ist wichtig für mich.
Aber auch der regelmäßige Rückzug ist unerlässlich. Das lernte ich auf dieser Reise.

Ich bekam ein Sechserzimmer nur für mich. Als ich am nächsten Morgen aufwachte, fühlte ich mich leicht und frei. Es war, als würde ich erst jetzt begreifen, dass die Tür des Käfigs, in dem ich lange Zeit gesessen hatte, weit offensteht.
Obwohl ich nun schon seit einer Weile vor dem Käfig saß, hatte ich vor meinen Augen immer noch die Gitterstäbe gesehen. Erst jetzt begann ich das Ausmaß dieser Weite zu verstehen.

Ich weiß nicht, was ich träumte oder was in dieser Nacht passierte. Sie war einfach plötzlich da, diese enorme Leichtigkeit. Meine Augen leuchteten wie Sterne.
Ein Foto, das ich an diesem besonderen Morgen von mir machte, erinnert mich auch heute noch daran.

★★★

Ich spüre, wie sie immer lauter an die metallenen Gitterstäbe hämmert, bis eines Tages die Käfigtür auffliegt, es plötzlich mucksmäuschenstill wird und sie mit dem, was sie da draußen vorfindet, mit dem, wonach sie sich so sehr gesehnt hat, so gar nichts anzufangen weiß. Und dann die ersten Schritte hinauswagt, zaghaft und mit aller Vorsicht, die sie aufzubringen vermag.
Und auch ein bisschen erschöpft ist von dem Befreiungsschlag, dem viel Kräftezehrendes vorausging. Und jetzt steht sie da, in dieser freien Welt der unbegrenzten Möglichkeiten, und muss sich neu orientieren. Es fühlt sich noch komisch an, dort draußen zu sein. Erste wackelige Schritte mit weichen Knien und der Angst, jeden Moment die Balance zu verlieren.

Eintrag aus meinem Reisetagebuch, 29.04.2016

An jenem Tag nahm ich meinen Mut zusammen und schrieb einen Brief an Heike aus Weilerswist, bei der ich die erste Nacht verbracht hatte.
Ich erzählte ihr, dass ich nach Metz gelaufen sei und fragte sie, ob ich für ein paar Monate bei ihr wohnen könne, wenn meine Wanderung beendet sei.

Drei Monate später zog ich in Heikes Gästezimmer in Weilerswist ein und verbrachte den Rest des Sommers bei ihr. Heike gab mir den entscheidenden Tipp, ein Wohnungsgesuch beim Kölner Stadtanzeiger aufzugeben, statt mich ohne Job oder Gehaltsnachweis dem Wohnungsmarkt auszuliefern.
Auf meine Anzeige hin riefen genau zwei Menschen an. Der erste war meine neue Vermieterin. „Sie können die Wohnung haben, ich vertraue Ihnen", sagte sie mir, als ich ihr gegenüberstand und sie mir in die Augen sah. Sie verlangte keinen Gehaltsnachweis, keine Schufa-Auskunft oder andere Papiere.
In die Straße, in der ich nun in Köln wohnte, mündet die Weilerswister Straße. Das entdeckte ich erst am Tag nach meinem Einzug. Zufall? Daran glaube ich nicht mehr. Oder vielleicht doch.
Denn wenn es den Zufall gibt, muss es auch etwas geben, das mir die Dinge zufallen lässt.

★★★

Nach Metz hatte ich kein Gefühl mehr dafür, wie es weitergehen sollte. War meine Reise hier zu Ende? Konnte das sein? Ich fand keine klare Antwort. Also beschloss ich zu warten, bis ich es wusste.

Bist du unsicher oder weißt nicht, wer da gerade spricht, sei geduldig mit dir. Setz dich hin und werde still. Handele nicht voreilig, nur um des Handelns willen. Setz dich in die Stille, und die Antwort wird kommen. Sie wird dich erreichen. Sie ist schon da. In deinem Herzen. Geduld ist der Schlüssel zu allem. Liebe und Geduld, Mut und Vertrauen. Mehr brauchst du nicht für ein erfülltes Leben. Liebe, Geduld, Mut und Vertrauen. Alles hat seine Zeit!

Eintrag aus meinem Reisetagebuch, 30.04.2016

Nachdem ich diese Zeilen geschrieben hatte, fiel mir Edwige Brasseur wieder ein. Und so trat ich von Metz aus den Weg Richtung Norden an.

★★★

Ich ließ mich mit dem Bus von Metz nach Reims fahren. Mit all dem Savoirvivre und der Leichtigkeit in mir hatte ich plötzlich keinen Ansporn mehr, die weite Strecke zu Fuß zu gehen.
Bijan, ein junger Perser, hatte mich zu sich eingeladen. Ich gestehe, dass ich am Anfang zögerte. Dass ich mir das ganz genau überlegte. Doch ich entschied mich dazu, ihm zu vertrauen.
Er holte mich am Busbahnhof in Reims ab. Noch auf dem Weg zu ihm nach Hause drückte er mir einen Wohnungsschlüssel in die Hand.

„Fühl dich frei zu kommen und zu gehen, wann immer du möchtest. Ich bin heute Nachmittag mit meinen Freunden verabredet. Wir gehen zum Festival des Artistes. Wenn du Lust hast, uns zu begleiten, komm mit."

Ich hatte Lust, sie zu begleiten, und so verbrachte ich einen Sonntagnachmittag der Künste in den Straßen von Reims. Was mich noch mehr faszinierte als die Installationen war die Freundschaft zwischen Bijan und seinen Begleitern. Die Liebe und der Stolz, mit denen sie diese Freundschaft nach außen trugen.

Bijan hatte vor vier Jahren sein Leben in seiner Heimat hinter sich gelassen und war alleine nach Reims gekom-

men. Hier hatte er sich ein neues Leben aufgebaut.
Wie einen kostbaren Schatz behandelte er das, was er hier erschaffen hatte. Die aufrichtige Zufriedenheit und Dankbarkeit, die er für sein neues Leben empfand, rührt mich noch heute.

Von Reims aus lief ich weiter nach Norden Richtung Edwige. Am Wegesrand entdeckte ich plötzlich das Wegschild der Via Francigina. Ich war baff. Jetzt war ich dort, wo alles begann.
Diesen alten Pilgerweg wollte ich ursprünglich begehen. Das hatte ich schon fast vergessen.

Da war ich also. Und scheinbar hatte ich mir den ungünstigsten Abschnitt überhaupt ausgesucht. Stundenlang lief ich direkt an der „Route National“ entlang und betete, dass die mir entgegenkommenden Autofahrer sich und ihr Fahrzeug unter Kontrolle hatten. Außerdem hatte ich keine Ahnung, wo ich die Nacht verbringen sollte.
Das war nichts Neues mehr. Aber dieses Mal war es anders. Durch meine Recherchen über diesen Weg wusste ich, dass die Übernachtungsmöglichkeiten rar sind, und eine vorausschauende Planung wichtig ist.
Das machte mir Sorgen. Ich verfluchte mich dafür, dass ich den Pilgerführer nicht mitgenommen hatte. Den hätte ich jetzt gut gebrauchen können. Aber wer konnte denn ahnen, dass ich doch noch hier landen würde?!

Dann hielt ein Auto etwa 500 Meter vor mir am Straßenrand. Der Autofahrer, der Silhouette nach ein älterer Herr, stieg aus und bewegte sich auf mich zu.
Zunächst dachte ich, er wolle auf den umliegenden Feldern

spazieren gehen. Das wäre zwar merkwürdig gewesen, aber vielleicht machte man das ja so in Frankreich, dachte ich. Bald aber war klar: Er wollte zur mir. Er kam näher und näher. Durfte ich hier nicht laufen?
War ich womöglich zu Fuß auf einer Autobahn unterwegs und würde jetzt verhaftet und zur nächsten Polizeistation gebracht werden? Ich hatte in den letzten Stunden keinen einzigen Fußgänger auf diesem Weg gesehen.

Ich kann mich nicht mehr erinnern, wie mich der Mann begrüßte oder was genau er zu mir sagte. Er sprach in gebrochenem Englisch und mein Französisch war zu schlecht, um eine fließende Unterhaltung in Gang zu bringen. Den Grund, warum er angehalten hatte, verstand ich schnell. Er hatte mich wegen meines Rucksacks als Pilgerin identifiziert und wollte mir mitteilen, dass ich gerade in die falsche Richtung lief.
Der Weg führte von Canterbury nach Rom und nicht von Rom nach Canterbury!

Ich lachte und versicherte ihm, dass das schon in Ordnung sei und ich nur zufällig auf diesem Weg gelandet sei. Das beruhigte ihn. Eine Frage hatte er aber noch. Seine Frau würde gerade kochen, ob ich nicht Lust hätte, mit ihnen zu Mittag zu essen.

Diese Einladung konnte ich nicht ablehnen. Obwohl mir schon ein wenig mulmig zumute war, als ich in sein Auto stieg und wir davonfuhren – so mitten im Nichts.
Spätestens aber, als ich seine Frau Elén kennenlernte, war das Eis gebrochen. Was für eine herzliche und strahlende Frau!

Das Essen war bereits fertig, als wir in die Küche schneiten. Elén schien es nicht sonderlich zu beeindrucken, dass ihr Mann eine staubige, verschwitze und zottelige Frau im Schlepptau hatte.

Und so saß ich plötzlich mit diesen beiden wunderbaren Menschen am Mittagstisch, in diesem reizenden, alten Haus inmitten der Champagne. Es war das Elternhaus von Elén, wie sie mir später berichtete.
Es gab frisches Gemüse aus dem eigenen Garten und dazu ein Stück Fleisch. Es war wirklich köstlich! Danach noch ein Kaffee und etwas Käse.
So, wie sich das für ein französisches Mahl gehört. Ich war pappsatt und glücklich. Das war das beste Essen, das ich seit Langem zu mir genommen hatte.

Wir unterhielten uns noch eine Weile über dies und das. Eléns Englisch war überraschend gut. Und dann erzählte sie mir unter Tränen und gleichzeitig so besonnen, dass ihre Mutter im Sterben liege und es jeden Tag so weit sein könne. Sie müsse auch gleich los, um wieder bei ihr zu sein. Ich war berührt und fast ein bisschen beschämt, unter welchen Umständen die beiden mich mit diesen Köstlichkeiten verwöhnt hatten.

Elén verschwand aus der Küche und kam mit einem Büchlein zurück. Das könne ich vielleicht gebrauchen, meinte sie. Es war der Reiseführer, den ich noch vor ein paar Stunden sehnlich herbeigewünscht hatte!

Nach einer herzlichen Verabschiedung und einem „Beweisfoto“ für unser Treffen fuhr mich Elén zurück zu dem

Ort, wo ich ihrem Mann begegnen war. Naja, nicht ganz. Sie fuhr mich ein Stück weiter Richtung Calais, damit ich den nächsten Ort rechtzeitig erreichen würde.

Inzwischen hatte sich auch mein Schlafplatz für die Nacht gefunden.
Paul aus Veslud hatte mich zu sich eingeladen. Seit sechs Jahren wartete er auf seinen ersten Couchsurfinggast, und heute sollte es endlich soweit sein.
Uiuiui, was für ein Abenteuer würde mich da erwarten?
Ich bedankte mich bei Elén für die Gastfreundschaft und das leckere Essen.
In einem Nebensatz erwähnte sie, dass das Fleisch sicher deshalb so lecker gewesen war, weil es die Zunge des Nachbarrinds gewesen sei.

Ob ich mich nachträglich vor Ekel schütteln oder lachen sollte, wusste ich nicht. Und so entschied ich mich, die Fassung zu bewahren und so zu tun, als sei Rinderzunge das normalste und köstlichste Gericht der Welt für mich.

Vielleicht war es die unglaubliche Herzlichkeit dieser beiden Menschen, die mir das Stück Fleisch so schmackhaft gemacht hatte.
Ich denke, ich werde nie wieder Rinderzunge essen, aber an diesem Tag auf der Via Francigena, falsch herum auf dem Pilgerweg, war es das beste Essen, das ich mir hätte vorstellen können!

Bei Edwige sollte ich übrigens nicht mehr ankommen.

★★★

Paul sammelte mich am Abend mit seinem Auto von der Straße ein. Zu seinem Wohnort Veslud war es zu Fuß zu weit. Hinten im Auto saß Jean, sein Sohn.
„Er liebt die deutsche Sprache und nimmt extra Einzelunterricht, um sie zu lernen“, erzählte mir Paul gleich zu Beginn. Vermutlich, um das Eis zu brechen.
Er habe noch einen weiteren Sohn. Ich würde ihn beim Abendessen kennenlernen.
Bevor es zu ihm nach Hause ging, fuhren wir nach Laon, eine mittelalterliche Stadt, die ganz in der Nähe liegt. Er führte mich durch ihre schmalen Gassen und konnte erstaunlich viel dazu sagen.
Er habe einmal Geschichte studiert, erzählte er mir auf meine Nachfrage, woher er das alles wisse, aber das Studium nicht zu Ende gemacht.
„Ich finde es so faszinierend, diesen Stein zu berühren und zu wissen, dass er schon vor 500 Jahren existiert hat. Er ist ein Zeuge unserer Geschichte“, erklärte er mir, während er mit seiner Handfläche über einen Stein der Stadtmauer strich. Ich konnte das gut nachvollziehen. Ich habe den gleichen Gedanken bei alten Bäumen.
Sie haben schon so viel erlebt und könnten viel erzählen.
Heute arbeitet Paul bei der Polizei. In der Nacht sitzt er in der Notrufzentrale und nimmt die einkommenden Anrufe entgegen. Er wirkt zufrieden.

Der Abend verlief unspektakulär. Nach dem Abendessen wollte ich nur noch schlafen, ein aufregender Tag lag hinter mir. Wir vertagten unsere Gespräche auf den Morgen.

Beim Frühstück erzählte ich von meinem Großvater und seiner Beziehung zu Frankreich. Paul bestätigte mir, dass auch sein Großvater trotz des Elends gute Erinnerungen an die Kriegszeit gehabt habe. Intensive Freundschaften seien hier entstanden, sagte er. Leid schweißt zusammen, wenn die Herzen der Menschen ähnlich pochen.

Paul berichtete mir außerdem von seiner wahren Leidenschaft, dem Fotografieren. Er fotografierte Hochzeitspaare, um sich etwas dazu zu verdienen.
Aber sein wahres Interesse gelte der ästhetischen Fotografie von Frauen. Ich musste schlucken, mein Bauch zog sich zusammen. War es an der Zeit, aufzustehen und zu gehen?

„Ich habe vor ein paar Monaten ein Projekt mit dem Titel ‚Les Vagabondes' ins Leben gerufen. Das Motiv sind Frauen auf Wanderschaft, so, wie Gott sie geschaffen hat", erzählte er mir.
Das Brötchen blieb mir im Hals stecken. „Hast du nicht Lust, daran teilzunehmen?!" Ich sagte „Nein, ich glaube nicht" und schaute dabei beschämt auf den Tisch. Dann ergänzte ich: „Ich muss gleich auch gehen."
Er hatte Verständnis dafür, ließ sich aber nicht beirren. Er schrieb mir die Adresse seiner Website auf ein Stück Papier und hielt es mir hin. „Hier, du kannst ja mal schauen. Wenn du es dir noch anders überlegst, ruf mich an."
Ich sagte „Danke, klar" und machte mich auf den Weg nach Laon. Dorthin, wo ich gestern schon gewesen war. Ich wollte ein wenig tiefer in die Stadt eintauchen.

Auf dem Weg dorthin kam ich ins Grübeln. Warum eigentlich nicht? Jetzt war die Zeit, und jetzt die Gelegenheit! Mein Gefühl sagte mir, Paul war ein anständiger

Mann. Und wenn nicht jetzt, wann dann?

Abends schaute ich mir seine Seite an und sah ästhetische Bilder von Frauen. Sie gefielen mir. Das hatte nichts mit Pornografie zu tun. Zwei Tage später sagte ich zu.

Und so kam es, dass ich mich vor den Stadtmauern von Laon ablichten ließ, als Wandersfrau ohne Schuhe, T-Shirt und Hose. Paul ging sehr behutsam vor. Stets darauf bedacht, dass kein anderer mich so sah. Sobald das Foto im Kasten war oder potenzielle Zuschauer in Sicht, hüllte er meinen Körper geschwind in weiche Decken. Ich fühlte mich erstaunlich wohl dabei.
Trotzdem war ich angespannt. So etwas hatte ich zuvor noch nie getan, geschweige denn vor einem fremden Mann. Das sieht man auch einigen Fotos an. Aber darum ging es nicht. Dieser Akt bedeutete Freiheit für mich. Mich so zu zeigen, wie ich bin.

„Schämst du dich für deine Weiblichkeit?“, fragte er mich zum Schluss. Ich hatte keine Antwort darauf. Vielleicht, ein bisschen schon. Aber warum? Ich dachte noch lange darüber nach.

★★★

„Das Taxi kostet 40 Euro – one way“, informiert mich Florence, während sie das Telefon zurück auf die Anrichte legt.

„40 Euro!?“, schießt es aus mir heraus.

„Ja, es ist schon nach 19 Uhr. Abends ist es so teuer.“

Die Enttäuschung in Florence Stimme war nicht zu überhören. Das war die letzte Idee, die wir hatten, um nach Chéry-les-Dingsbums zu kommen. Seit zwei Tagen sprach Florence schon von diesem Gitarrenkonzert, das dort in zwei Stunden stattfinden sollte.
Und noch immer konnte ich den Namen des Ortes nicht aussprechen, ohne mir dabei die Zunge zu verknoten.
Kurz überlegte ich, ob ich nicht einfach mein letztes Geld zusammenkratzen sollte, um das Taxi zu bestellen, das uns für sagenhafte 80 Euro nach Chéry-les-Dingsbums und zurück bringen würde. Dann fiel mir meine erste Begegnung mit Florence ein, die zwei Tage zurücklag.

Ich war gerade von Paul aus in Laon eingelaufen. Bei der Besitzerin eines unscheinbaren Gemüselädchens erkundigte ich mich nach einer günstigen Schlafgelegenheit. Eine Kundin klinkte sich ein.

„Isch bin nicht sischer, aber isch abe geört, dass der Pfarrer Pilger aufnimmt, hein. Geen Sie inauf zur Cathédral. Vielleischt aben Sie Glück. Bonne Chance!“

Verblüfft bedankte ich mich und machte mich direkt auf den Weg nach oben. Das Zentrum der mittelalterlichen Stadt, deren Mittelpunkt die Kathedrale bildet, liegt auf einem fast zwei Kilometer langen und etwa 100 Meter hohen Kalksteinfelsen. Auf dem Weg, als diese Kulisse zum ersten Mal hinter einem Hügel auftauchte, machte ich ganz schön große Augen.

Bald entdeckte ich einen schmalen Pfad, der sich wie ein kleiner Tunnel durch einen Wald den Hügel hinaufgrub.

Sicher war ich nicht, dass dieser Weg mich zur Altstadt führen würde. Aber die Christa Columbus in mir wollte es wissen. Etwa auf der Hälfte des Pfades kam mir eine Frau entgegen. Sie war klein und älter und trug schulterlanges, rotbraunes Haar, das sie zu einem Zopf zusammengebunden hatte. Ich blieb am Wegesrand stehen, um ihr Platz zu machen.
Doch anstatt an mir vorbei zu gehen, blieb auch sie stehen und musterte mich mit ihren braunen Augen.

„Je ne parle pas bien Français", quälte ich aus mir heraus, als sie versuchte, mit mir in Kontakt zu treten.

„English?" „Yes, my English is much better", antwortete ich – überrascht, dass eine Französin in ihrem Alter der englischen Sprache mächtig war.
Marc Twain lässt grüßen: „Reisen tötet Vorurteile." Eines war soeben seinen Verletzungen erlegen.

„Where do you want to go?", fragte sie mich mit ihrem charmanten französischen Akzent. Ich erzählte ihr so kurz und präzise wie möglich, woher ich kam, warum ich hier und wohin ich unterwegs war. Den Text hatte ich mittlerweile einfach drauf.

Nach kurzem Schweigen formte sich ihr Mund zu einem spitzbübischen Grinsen. „Meine Name is Florence Müllér. Meine Großvater war Deutsche. You can come with me if you want?"

Mit einer ähnlichen Unsicherheit, mit der Florence mir gerade dieses Übernachtungsangebot gemacht hatte, nahm ich es an.

Und so stand ich zwei Tage später in ihrer Wohnküche und überlegte, wie wir zu diesem Gitarrenkonzert nach Chéry-les-Dingsbums kommen könnten.

Ich legte meine Hand auf Florences Schulter, während sie mit dem Rücken zu mir stand und durch ihr Telefonbuch blätterte – wahrscheinlich in der Hoffnung, doch noch jemanden zu finden, der uns fahren würde.

„Florence, was hältst du davon: Lass uns einfach losgehen und darauf vertrauen, dass wir es rechtzeitig zum Konzert schaffen. Wie auch immer, wir schauen einfach, was passiert!"

Zehn Minuten später bewegten sich zwei gackernde Hühner in ihren feinsten Federkleidern durch die Straßen von Laon. Mal hüpften, mal tänzelten sie, drehten sich um ihre eigene Achse, um anschließend mitten auf der Straße stehen zu bleiben und sich den Bauch vor Lachen zu halten.

Die vorbeigehenden Passanten waren sichtlich irritiert von uns zwei Gestalten.
Den ein oder anderen sprachen wir an und fragten, ob er oder sie uns nicht nach Chéry-les-Dingsbums fahren könne.

So richtig ernst nahm uns niemand, aber das taten wir ja selbst nicht. Wir überlegten uns die albernsten Theorien und Gründe für unseren Trip, während wir uns immer

weiter aus der Stadt hinausbewegten.
Die Straße führte uns auf eine vielbefahrene Brücke mit einem schmalen Bürgersteig. Florence lief vor mir. Sie wurde immer schneller. So schnell, dass ich kaum noch hinterherkam. Florence sprach nicht mehr. Sie schien nur noch ein Ziel zu haben: möglichst schnell diese Brücke hinter sich zu lassen. Kurz drehte sie sich zu mir um. Ihren Blick weiter auf den Boden gerichtet, flüsterte sie: „I don't like this place."
Rasch orientierte sie sich wieder nach vorne, um ihre Schritte nochmals zu beschleunigen.

Kurz nachdem wir die Brücke überquert hatten, bat ich Florence, stehen zu bleiben.

„Ich glaube, so funktioniert das nicht. Wir haben nur noch eine Stunde. Zu Fuß schaffen wir das nie.

Pass auf, den ersten Wagen, der vorbeikommt, halte ich an."

Schon bald kam ein bronzefarbener, frisch polierter SUV von hinten auf uns zugerollt.
Zaghaft deutete ich mit meinem rechten Daumen eine Anhalter-Geste an und schaute dem Fahrer dabei so entschlossen wie möglich in die Augen. Jetzt kam ich mir schon ein bisschen armselig vor.
Das Auto wurde langsamer, blinkte rechts und hielt an. Wir schauten uns ungläubig an. Mit einem „Das gibt's doch nicht" auf den Lippen, liefen wir auf das Auto zu.

Florence erklärte dem Fahrer durch das offene Beifahrerfenster, wo wir hinwollten. Ich blieb etwas abseits auf

dem Bürgersteig stehen. Dann winkte sie mich zu sich, öffnete die Tür und stieg ein.
Ich deutete das als ein gutes Zeichen und machte es mir auf der beigefarbenen Rückbank aus Leder gemütlich. Das Auto fuhr an. Florence war merkwürdig still und saß in sich zusammengekauert auf dem Beifahrersitz, den Blick auf ihren Schoß gerichtet.
Worauf zum Teufel hatten wir uns eingelassen? Ich schaute mir den Typen näher an, soweit das aus der Rücksitz-Perspektive möglich war: braungebrannt, wohlgenährt, weißes Lacoste-Poloshirt, grau melierte Haare und Ray-Ban-Sonnenbrille.

Er begann zu reden. Als Florence freundlich und lebhaft nickte, atmete ich auf, lehnte mich zurück und machte das Fenster ein Stück weit auf.
Ich schaltete buchstäblich auf Durchzug, während die Franzosen in eine angeregte Unterhaltung einstiegen.

Ab und zu schnappte ich ein paar Wortfetzen auf.
Vacances… demain … La Palma … ma sœur … Ich schloss daraus, dass der Typ am nächsten Tag mit seiner Schwester nach La Palma fliegen würde, um dort Urlaub zu machen.
Florence erklärte mir später, dass er auf dem Weg zu seiner Schwester gewesen war, um ihr den Hausschlüssel vorbeizubringen. Sie sollte nach dem Rechten schauen, weil er am nächsten Tag mit seiner Familie nach La Palma fliegen wollte. Knapp daneben.

„Merci beaucoup, merci beaucoup“ war das Einzige, was ich vor verlegener Dankbarkeit hervorbrachte, als wir direkt vor der „salle de fête“ von Chery-les-Dingsbums ausstiegen. Der Mann hatte uns tatsächlich bis vor den Eingang chauffiert. „De rien, de rien“, antwortete er mit einer ausladenden Geste, wünschte uns einen schönen Abend und brauste winkend davon.

Vor dem Fetensalon hatte sich schon eine Menschentraube versammelt. Florence steuerte zielsicher auf ein Ehepaar zu, das sie offenbar bereits kannte.
Sie stellte mir Paul und Isabelle aus Laon vor. Es war mir ziemlich peinlich, wie ich da in meinem für mich eher untypisch französischen Seidenkleid in Pastellrosa und meinen schlammigen Nike-Turnschuhen vor ihnen stand, während Florence ihnen erklärte, dass wir gerade getrampt waren.

Die beiden behielten die Fassung und boten uns auf der Stelle an, uns nach dem Konzert nach Hause zu fahren. In dem Moment war es mir total egal, ob sie das aus purem Mitleid oder Abenteuerlust taten. Die Rückfahrt war gebucht!

Ich sitze rotwangig in der vierten Reihe des abgedunkelten Salons und lausche drei jungen Frauen, die auf ihren Gitarren ein klassisches Stück zum Besten geben.
Ich schiele nach links zu Florence und mir wird ganz warm. Wie sie dasitzt, mit geschlossenen Augen, die Hände in ihrem Schoss vergraben. Ihr Oberkörper leicht nach vorn gebeugt, folgt sie mit sanften Bewegungen dem Takt der Musik, völlig vertieft.

Florence. Die sorgenvolle Mutter einer 27-jährigen Tochter.

Die starke Tochter, die die letzten fünf Jahre ihre schwerkranke Mutter gepflegt und bis in den Tod begleitet hat.
Die Suchende, die nach 35 Jahren Funkstille ins Flugzeug gestiegen war, um mit ihrer Flugangst um die Welt zu reisen und ihre Jugendliebe in Neukaledonien zu treffen.
„Ich musste das tun. Mit diesem Mann, das war wahre Liebe. Doch meine Angst hinderte mich damals daran, sie zu leben."
Florence. Die Frau, die mir am Morgen ihre Lebensgeschichte zum Frühstück serviert hatte. Den Mann, den sie heiratete, hat sie nie geliebt.
Einen Tag nach der Hochzeit wurde ihr klar, dass es ein Fehler gewesen war. Dann folgten Alkoholmissbrauch und Gewalt seinerseits, und am Ende die Scheidung.

Ich sehe sie noch heute am Frühstückstisch sitzen, eingehüllt in ihren weißen Bademantel.
Wie sie mit hängenden Schultern den Blick auf das vor sich liegende Marmeladenbrötchen richtet, das sie seit einer halben Stunde nicht angerührt hat. Wie sie „I don't know" vor sich hinmurmelt, während sie mit den Schultern zuckt. „I don't know …"

Das einzige Erinnerungsstück, das ich von diesem Abend besitze, ist ein Foto von Florence und mir.
Wir hocken nach dem Konzert auf der Bühne, unsere Köpfe lugen hinter dem gewaltigen Kontrabass hervor, und wir gucken ziemlich irre. Irre, aber glücklich.

Beendet haben wir den Abend in Florences Küche. Bis spät in die Nacht tanzten wir durch unsere persönliche salle de fête und grölten mit voller Inbrunst „Alors on dance"

– ich ins Nudelholz, und sie in die Spülbürste.

★★★

Das Kleid, das ich an dem Konzertabend mit Florence trug, war jenes, das ich in Metz gekauft hatte.
„Du versteckst dich hinter deinen schwarzen Klamotten. Sie lassen dich so hart wirken. Dieses Kleid betont deine weibliche Seite. Du siehst wirklich schön aus darin."
Das waren Florences Worte, als ich mich ihr zum ersten Mal in diesem Kleid zeigte. Sie trafen mich.
Es war nicht das erste Mal, dass ich so etwas hörte. Weiblichkeit, was bedeutet das denn? Und warum sollte ich mich verstecken? Diesen Fragen kam ich so schnell nicht davon. Von meinem Erlebnis mit Paul erzählte ich ihr nichts.

Dann erinnerte ich mich an eine Situation auf der Arbeit und meine Wut erwachte aus ihrem Dornröschenschlaf.

Wir waren von der Chefetage zu einer Tagung des Lenkungskreises in ein schickes, altes Speichergebäude eingeladen worden.
„Jetzt gönnen wir uns mal richtig was", war das Tagesmotto. Dass ich die meiste Zeit an einem wackeligen, ausgedienten Konferenztisch hockte, während die Popos des Vorstands in Tesla und Porsche spazierenfuhren und auf Echtholz-Designerstücken Platz nahmen, erwähne ich lieber nicht.
Huch, jetzt ist es mir doch herausgerutscht.

Der Lenkungskreis setzte sich aus den Abteilungsleitern

und dem Vorstand zusammen. Er war erst vor Kurzem etabliert worden, um einen Rahmen zu schaffen, in dem sie auf Augenhöhe über die Zukunft des Unternehmens diskutieren konnten. So lautete der O-Ton.
Da ich Abteilungsleiterin war, gehörte ich auch dazu. Unwohl fühlte ich mich dabei von Anfang an.

Ich betrete den Raum, an dessen Eingangstür der Geschäftsführer höchstpersönlich steht, um die Teilnehmer in Empfang zu nehmen.
Ich trage meine welligen Haare offen. Er lächelt mich mit seinem Zahnpastalächeln an und begrüßt mich mit den Worten „Guten Morgen, Wuschel." Dabei fährt er mir mit der Hand durch meine Haare.
Ich will meinen Kopf wegziehen, doch ich bleibe paralysiert stehen. Mir wird erst heiß und dann wieder kalt. Für einen Moment verliere ich die Orientierung. Das einzige, was mir einfällt, haue ich in dem kläglichen Bestreben heraus, diese Situation lustig erscheinen zu lassen:

„Anfassen kostet fünf Euro."

Als ob sein Übergriff nicht schon genug gewesen wäre, prostituierte ich mich auch noch und erlaubte ihm, mich gegen ein Entgelt anfassen zu dürfen.
Fünf Euro. So viel bin ich mir also wert. Die Reaktion ist furchtbar dämlich und meiner totalen Überforderung geschuldet.

Ich habe heute noch das Bild vor Augen, wie sich seine Hand in Zeitlupe auf mich zubewegt und durch meine Haare gleitet. „Guten Morgen, Wuschel", echot es dann

in meinen Ohren. Am Schlimmsten war aber, was das Ganze innerlich mit mir machte.
Ich fühlte mich klein und ohnmächtig. Es führte dazu, dass das, was ich tief in mir drin über mich selbst dachte, einmal mehr in Zement gegossen wurde. „Ich bin ein kleiner, niedlicher Wuschelpuschel, und wenn der Chef mich streicheln will, dann darf er das."
Ich fing an zu verstehen, dass das kein Einzelfall war. Mir fielen noch andere Übergriffe ein, die ähnlich, aber subtiler waren. Wie er meiner Kollegin mit seinen Fingerkuppen über die nackten Oberarme strich und sie dabei „Claudi" nannte.
Wie niedlich! Aber was machte das mit ihr? Und warum wurde unsere Marketingleiterin, eine sonst gestandene Frau von 50 Jahren, zum zahmen Kätzchen, wenn er den Raum betrat? War das unsere Erziehung oder unsere Natur? Ich verstand: Wir waren alle Marionetten in diesem Spiel und ließen gehörig an unseren Fäden ziehen.

Der Posten der Abteilungsleitung wurde mir einfach übergestülpt. „Ich bin der Vorstand, du bist meine Assistentin, und das ist jetzt dein Job!", war die konsequente Schlussfolgerung meines Chefs. Gehaltserhöhung?
Fehlanzeige. Um ein Seminar für Mitarbeiterführung musste ich betteln. „Du verstehst schon, das Budget."

Was das mit mir als Mensch machte, plötzlich von der Kollegin zur Vorgesetzen zu werden und wie sich das auf meine Kolleginnen auswirken würde, das war den Herren scheißegal.
Irgendwann gab es dann doch ein Seminar zum Sonderpreis, und so durfte ich mich einen ganzen Tag auf

Kosten des Unternehmens mit Theorien der Personalführung auseinandersetzen.

Wenn meinem Chef in meinen Personalgesprächen gar nichts mehr einfiel, um mich klein zu halten, dann war es der „erweiterte Infinitiv mit zu“, der ihn davon abhielt, mir eine Gehaltserhöhung zu geben oder einfach mal laut auszusprechen, dass ich wirklich gute Arbeit leistete.

„Britta, an deiner Kommasetzung musst du wirklich noch arbeiten.“

Ein anderes Mal bat er mich ins Büro und verklickerte mir in seiner charmanten Art, dass ich bald die Vorgesetzte einer Kollegin werden würde. Meine Aufgabe sei, sie möglichst unfreundlich zu behandeln, um sie rauszumobben. Aber wenn er mich ihr vorsetzten würde, so hoffte er, würde sie bald von alleine gehen.

Es kam nicht dazu, sie ging auch ohne mein Eingreifen.

„Von Herzen“ steht in der Imagebroschüre dieses Unternehmens.

★★★

Ich beobachte Frauen, die sich im Beruf als Männer verkleiden. Mir wurden Arroganztrainings für Frauen, große Autos und männliche Machtspiele als Schutzpanzer empfohlen, wenn ich fragte, wie ich mich, so wie ich bin, in der Wirtschaftswelt entfalten könne.

Kann das die Lösung sein? Meine Antwort lautet: Nein! Das ist wider meine Natur. Ich will durch meine Natürlichkeit leuchten. Und die ist, ich kann und will es nicht ändern, weiblich.

Weiblichkeit und Männlichkeit sind unterschiedliche Prinzipien, sie brauchen einander und ergänzen sich.
Dazu müssen sie auf Augenhöhe stehen, einander achten und respektieren. Auch in der Unternehmenswelt.

★★★

An einem Wochenende nahm ich an einem Workshop für Improvisationstheater teil. Eine Frau kam in der Pause auf mich zu.

„Entschuldigung, Sie sind doch Wirtschaftsingenieurin", sagte sie. Das hatte sie in der Vorstellungsrunde von mir erfahren. „Meine Tochter nämlich auch", fuhr sie fort.
„Sie wird in ihrem Job überhaupt nicht ernst genommen. Wissen Sie vielleicht, was sie tun kann?"

Ich hatte keine Antwort darauf. Was sollte ich ihr raten? Sich einen größeren Schreibtisch besorgen und ausreichend Pokale darauf platzieren, damit niemand auf die Idee kommt, darauf Platz zu nehmen, um seine Macht zu demonstrieren? So wurde es mir in einem Seminar empfohlen.

Dieses Gespräch hallte noch lange in mir nach, und ich begann, mir Fragen zu stellen.

Was, wenn wir aufhören, lieb und nett zu sein, um die anderen nicht zu stören?

Was, wenn wir uns mit der gleichen Wertschätzung behandeln, die wir den anderen entgegenbringen?

Was, wenn wir klar sagen, was wir brauchen?

Was, wenn wir Nein sagen, wenn wir Nein meinen, ohne Angst vor den Konsequenzen zu haben?

Was, wenn wir aufhören, schon im Voraus Nein zu sagen, aus lauter Angst vor den Katastrophen, die wir uns ausmalen?

Was, wenn wir unsere Weiblichkeit feiern, statt männliche Verhaltensweisen zu imitieren?

Was, wenn wir uns selbst vertrauen, statt männlichen Autoritäten blind zu folgen?

Was, wenn wir sagen, was wir wirklich denken, und unsere Entscheidungen von innen heraus treffen?

Was, wenn wir dem Männlichen respektvoll und auf Augenhöhe begegnen, statt es auf einen Sockel zu stellen?

Dann verlieren wir die Menschen, die uns so nicht ertragen.

Dann finden wir die Menschen, die wirklich zu uns gehören.

Es ist unsere Entscheidung.

★★★

Florence sagte zu mir: „Ich kenne einen Ort hier in der Nähe, an dem es dir gefallen wird.
Es ist eine Arbeitsstätte für Künstler, die ein Belgier in einem alten Kloster geschaffen hat. Fahr hin, um es dir anzusehen." Das klang spannend.

Sie brachte mich am nächsten Tag zum Zug. Der Ort war keine 30 Minuten entfernt. Ich stieg am Bahnhof aus und musste von dort aus noch eine halbe Stunde gehen, bergauf. Von hinten kam ein Auto angefahren.
Es blieb neben mir stehen. Ich hätte sicher das gleiche Ziel wie er, ob ich nicht einsteigen wolle, fragte der Mann hinter dem Steuer. Es war Joelle, der Hausmeister des Künstler-Klosters. Ich stieg ein.

Ich war aufgeregt, als ich das Gebäude zum ersten Mal sah. Es war ein prächtiges Anwesen, auf einer Anhöhe gelegen, rundherum nur Felder, Wiesen und Wälder.
Als ich durch die schwere, hölzerne Eingangstür ging, war es, als betrete ich eine andere Welt.
Als sei die Zeit stehen geblieben und doch wiederum nicht. Einfach unerklärlich. Hier waren Künstler zu Hause, das spürte ich.

Doch was machte einen Künstler aus? Er lebt leiden-

schaftlich, aus dem Herzen heraus, dachte ich.
Stéphanie begrüßte mich. Ich hatte ihr eine E-Mail geschrieben, um mich anzumelden. Ich wolle demnächst ein Buch schreiben und mir diesen Ort einmal genauer ansehen, hatte ich behauptet. Ihre Einführung war kurz, aber herzlich.
Sie zeigte mir den Raum, wo die Bettbezüge lagen, und sagte: „Alle freien Zimmer sind offen, such dir eins aus und fühl dich zu Hause."

★★★

Wie ein Schlossgespenst geisterte ich zwei Tage lang durch die Klosterflure. Es war, als befände sich eine getönte Scheibe zwischen den Künstlern und mir. Ich konnte sie sehen und bewundern, doch sie sahen mich nicht. Da waren sie also wieder: Die anderen und ich.
Ein Teil von mir fühlte sich mit ihnen tief verbunden. Der andere Teil sagte mir, dass ich nicht hierher gehöre.
Dass ich nur eine Pilgerin sei, der man für kurze Zeit Einblick in diese Welt gewähre. Eine Touristin für Künstlerorte sozusagen.

Ich beobachtete die Künstler aus der Ferne, hatte schnelles Herzklopfen dabei und träumte davon, irgendwann einer von ihnen zu sein.
Eine leise Stimme in mir meinte, dass ich noch nicht soweit sei. Aber dass ich eines Tages wiederkommen würde, um ein Buch über meinen Weg zu schreiben. So ganz glaubte ich ihr nicht.

★★★

Tagsüber waren alle in ihren Zimmern, den Probe- oder Arbeitsräumen verschwunden, um an ihren Projekten zu arbeiten. In den Pausen trafen sie sich im großen Klostergarten, um sich auszutauschen, oder gingen im nahegelegenen Wald spazieren.
Der Klosterpfau drehte derweil seine Runden durch den Garten und verlor ab und zu eine Feder. Eine davon gehört nun mir.

Am Abend kamen alle in der großen Küche zusammen. Trotz des chaotischen Eindrucks hatte hier alles seine Ordnung. Neben der Küche gab es einen Lagerraum, in dem sich jeder eine Kiste aussuchen konnte, um seine persönlichen Lebensmittel aufzubewahren.
Außerdem gab es noch ein Regal mit Kisten, aus denen sich jeder bedienen durfte.

An der Wand hing, zusammen mit vielen anderen Bildern, ein Cartoon, den ich sehr mochte:

„How to be an artist“

lautete die Überschrift. Darunter war eine Ente mit ausgebreiteten Flügeln zu sehen, die fröhlich tanzte. Neben ihr stand:

„Dance barefoot.

Believe in magic.

Be free.“

Autor unbekannt

Gegen 18 Uhr trudelten die Ersten in die Küche ein, um sich ihr Abendessen zuzubereiten. Mit jeder Stunde wurde es voller.
Ab 21 Uhr fühlte ich mich wie auf einem Basar. Schummeriges Licht und schwüle Luft, verursacht durch Kerzenschein und Wasserdampf, Weinflaschen auf den Tischen und Stimmengewirr um mich herum.
Es ging laut zu, aber niemals hektisch. Es war faszinierend, wie alle Platz zum Kochen fanden, obwohl es nur zwei Herde mit jeweils vier Platten gab. Jeder bereitete sein eigenes Essen zu, und doch kochten alle zusammen.

Nach dem Abendessen trafen sich die meisten im Kellergewölbe. Dort gaben Künstler regelmäßig Einblicke in ihre Arbeit. An diesem Abend stellte eine Musikerin ihre neuesten Songs vor. Sie hatte blonde, lockige Haare, trug ein glänzendes, lilafarbenes Oberteil, dazu Jeans und weiße Turnschuhe.
Sie stand an ihrem Keyboard und sang in das Mikrofon. Ihre Musik war experimentell und gewöhnungsbedürftig für meine Ohren. Aber Ihre Leidenschaft für das, was sie da tat, beeindruckte mich. Es kam aus ihrem Herzen.

★★★

In dem Kloster gab es eine große Bibliothek mit deckenhohen Bücherregalen, in denen unzählige, verstaubte Bücher standen. Wie im Hogwarts der Harry Potter-Romane.

Am zweiten Morgen setzte ich mich mit meinem Reisetagebuch und Füller an einen der freien Schreibtische, die vor den Fenstern standen, und tat so, als würde ich an etwas Wichtigem arbeiten. Das fühlte sich gut an.

Ab und zu schielte ich nach links und rechts.
Dort saßen Menschen, die konzentriert in ihrem Inneren gruben.

Diese Art von Arbeit war anders. Kein Funktionieren oder Abarbeiten von To-do-Listen. Hier ging es ums Schöpfen, darum, etwas zu kreieren. Eine Energie, die ich bisher nicht gekannt hatte, erfüllte diesen Raum.

★★★

Am Ende des langen Klosterflurs, an den mein Zimmer grenzte, war eine Tür. Ein DIN-A-4 großes Blatt klebte an ihr. „Le plaisir des morts est de pourrir à plat", stand darauf.

Ich wusste nicht, was es bedeutet, und scheute mich, die Tür zu öffnen. Irgendwas mit Tod musste es bedeuten, so viel war klar. Das konnte nichts Gutes heißen.
Doch immer, wenn ich zu meinem Zimmer ging, fragte ich mich, was sich dahinter verbarg. Alle anderen Türen auf dem Gang waren offen.

Am zweiten Nachmittag nehme ich all meinen Mut zusammen und drücke vorsichtig die Klinke herunter, luge durch den Spalt, öffne sie weiter und trete über die Schwelle. Ich stehe auf der Empore einer Kapelle mit großen, bunten Kirchenfenstern, die ein leuchtendes Mosaik an den Boden werfen und sie in ein magisches Licht tauchen. Staub tanzt in den Sonnenstrahlen, die

durch die Mosaikteilchen in die Kapelle fallen.
Eine glockenklare Stimme erklingt. Ein warmer Schauer fließt durch meinen Körper.
Ich bewege mich weiter nach vorne, um über die Brüstung nach unten zu sehen. Dort steht eine Sängerin und probt.

Ist das ein Engel, und ich bin auf meinem ersten Privatkonzert im Himmel?

★★★

Am Abend saß ich auf meinem knarrenden Klosterbett aus dunkler Eiche und weinte. Ich war überwältigt von all den Eindrücken, von den Begegnungen und den Erkenntnissen, die mir dieser Weg geschenkt hatte.

Ich dachte an meine Coachingsitzung vor Beginn meiner Reise. Mein Märchenschloss, das ich an diesem Nachmittag gebaut hatte. Jetzt, nur vier Wochen später, war ich in diesem Kloster angekommen.
Es fühlte sich an, als seien dazwischen viele Monate vergangen. Dieser Ort stand für all das, wovon ich träumte. Freiheit, Gemeinschaft, Unabhängigkeit und Kreativität.

Es kam mir vor, als hätte jemand einen Film eingelegt und meine Träume für die Zukunft ins Hier und Jetzt projiziert. Als wolle mir jemand zeigen, dass es wirklich möglich ist, wie in meinem Märchenschloss zu leben. Als wolle mir jemand sagen: Leg endlich los, es funktioniert!

Ich war bereit, nach Hause zu gehen. Erst einmal zu

Heike und dann nach Köln.

★★★

Jeder Mensch braucht einen Leitstern. Etwas, wovon er träumt. Das vielleicht nie so ganz eintreten wird, aber Orientierung in haltlosen Zeiten gibt. Ich glaube, ein jeder findet ihn in seinem Inneren.

Ich brauche die Vielfalt. Ich will ein kreatives Leben führen. Zu Bedingungen, die mir entsprechen.
In meinem Tempo. Mit Aufgaben, die Freude und Sinn in mein Leben bringen. Mit Menschen, denen ich vertraue.

Ich will schreiben. Ich will Menschen Mut machen, ihren eigenen Weg zu gehen. Ich will sie begleiten und mit meinen Talenten unterstützen. Wie das aussehen mag, wird sich zeigen.

★★★

Am nächsten Morgen ging ich zu Fuß zurück nach Laon, um mich zu sammeln und von Florence zu verabschieden.

Die Luft tänzelte über dem heißen Asphalt, während sich die Straße, auf der ich lief, wie eine Schlange durch die französische Landschaft wand.
Mein Mund fühlte sich an, als hätte ich Kreide gegessen. Mein Rücken war nass, die Schultern spürten deutlich mein Gepäck, das sie seit Stunden durch die Gegend trugen.

Es war nicht nur der Hüftgurt, der mit jedem Schritt an meinen wunden Hüftknochen rieb. Es war auch das Gewicht, das meiner linken Hüfte seit einer Weile zu schaffen machte. Ich verstand sie gut.
Wiederholt tastete ich nach meinem Handy, das ich stets griffbereit in der Seitentasche meines Hosenbeins verstaut hatte. Ich wollte mich vergewissern, dass ich noch auf dem rechten Weg war. Schon seit einer Ewigkeit lief ich geradeaus. Einen Umweg konnte ich mir jetzt nicht leisten, zumal der Wasservorrat knapp wurde.

Die Umrisse einer kleinen, schwarzen Gestalt tauchen hinter dem nächsten Hügel auf. Mit sichtbarer Anstrengung schiebt sie etwas neben sich her. Die Gestalt wird größer, die Umrisse klarer. Ein ganz in Schwarz gekleideter Mann kommt auf mich zu. Er schiebt ein schwarzes Fahrrad. Er kommt näher und näher.

Ich wusste nicht genau, wo ich hinschauen sollte, und hielt mich mit meinem Blick am Display meines Handys fest. Ich war „on track". Noch zwei Stunden bis zum Ziel, acht Kilometer.
Ich schielte über den Rand des Displays, ohne dabei meinen Kopf zu bewegen. Keine Menschenseele. Nur ich und der schwarze Mann, der mit jedem Schritt größer und bulliger wurde.

Er kommt näher. Gleich begegnen wir uns. Rücken und Schultern gerade, Kopf hoch, befehle ich mir. Ich schaue ihm fest in seine dunklen Augen.
Jetzt erkenne ich seine großporige Haut, seine buschigen Augenbrauen und seine große, kartoffelförmige Nase.

Sein Gesicht ist übersät von Narben. Die strähnigen Haare hängen ihm ins Gesicht, das keine Regung zeigt.

Dann öffnet sich sein Mund.
"Throw your fucking mobile phone away!", raunzt er mich in einwandfreiem Englisch an.

Mein Puls beschleunigte sich, während meine Hände sich intuitiv in Richtung Hüftgurt bewegten, um ihn schnell öffnen zu können. Sollte ich schnell davon laufen müssen, würde ich den Rucksack abwerfen müssen.

Er blieb stehen und holte erneut Luft.

„Meeting people alive is the most important thing in life. Now have a look at this beautiful landscape! Van Gogh painted it for you, just for you!", sprudelte es aus ihm heraus, während er mit seinem rechten Arm die Geste eines Zirkusdirektors nachahmte, der dem Publikum das Highlight der heutigen Show präsentiert.

Das Highlight war das Rapsmeer, das zum ersten Mal vor meinem Auge auftauchte. Der Anblick blendete mich. Leuchtendes Rapsgelb vor strahlend blauem Himmel, dazwischen sattes Grün.

Ich richtete meinen Blick wieder auf ihn. Die Kartoffelnase war geschrumpft und die Narben… vermutlich stammten sie aus seiner Pubertät. Akne kann böse Spuren hinterlassen.

„Where do you come from?", wollte er wissen.

„Germany“, antwortete ich.

„Ohhh, I like the sound of German. Especially when women are speaking.“ Er hob erneut seinen rechten Arm, dieses Mal für eine Abschiedsgeste, während er mit einem „Have a nice day“ an mir vorbeizog, ohne mich nochmals anzusehen.

„You too“, war das Einzige, was ich herausbrachte. Meine Augen hafteten weiter auf ihm, während er sich entfernte, sich wieder in die kleine schwarze Gestalt verwandelte und schließlich hinter dem nächsten Hügel verschwand.
Ich atmete die blumige, heiße Sommerluft tief ein und setzte meinen Weg fort. Mein Handy blieb in der Tasche.

★★★

Sitze gerade auf einer Parkbank in Laon.
Ich bin müde. Richtig müde. Ich bin satt und voll von Eindrücken, Gedanken und Informationen. Alles in mir will verdauen.
Ich bin fertig, brauche Rückzug. Ich will allein sein. Keine Begegnungen. Keine neuen Leute, die in mein Leben treten. Ich brauche Konstanten. Menschen, denen ich mich nicht erklären muss. Menschen, die ich kenne, die mir vertrauen.
Einen Ort, an dem meine Sachen einen Platz haben. In einem Schrank, auf einem Regal. Einen Ort, an den ich jeden Abend zurückkehren kann. Oder jeden Tag. Freunde, die mich nicht fragen, wer ich bin oder was ich hier mache. Ankerplätze, die mich auf Position halten, wenn die See rau wird.
Freunde, die mir zuhören, wenn ich etwas zu sagen habe, die mir Raum geben, um zu schweigen. Die mir Freiheit schenken, wenn ich ausbrechen möchte, die mich in den Arm nehmen, wenn ich zurückkehre.

Eintrag aus meinem Reisetagebuch, 07.05.2016

Ich denke an meinen Opa und an Mont-Saint-Michel, woran mich Laon sehr erinnert. War die Zeit der Gefangenschaft ein Stück Freiheit für ihn?
Weit weg von sozialen Pflichten? Hat er in seinen letzten Jahren vielleicht nicht von einer Geldanlage, sondern von einer Bank wie dieser gesprochen, auf der ich sitze, um in die Weite zu blicken? Ich spüre meinen Opa, er ist hier.

Wenn ich an meine Großeltern denke, sehe ich ein streitendes Ehepaar vor mir sitzen.
Zwei an sich liebenswürdige und starke Menschen, die sich gegenseitig schwächen. Viel Frust und aufgestaute Wut hat sich mit den Jahren in ihren Knochen festgebissen. Meine Mutter redet nicht darüber, doch ich spüre, sie hat sehr darunter gelitten.

Wäre ich bei ihm geblieben, hätte ihre Geschichte von vorne begonnen.

HEIMKEHR

Nach meiner Wanderung führte mich mein Weg nach Köln. Ich beendete meine Coachingausbildung, ging zum Schauspieltraining und betreute als Nebenjob eine Rollstuhlfahrerin. Ich gründete mit meinem besten Freund eine WG.

Ich ließ mich für multimodales Stressmanagement und Burnout-Prävention weiterbilden und versuchte noch zweimal, auf Teilzeitbasis in die alte Wirtschaftswelt zurückzukehren. Ich brauchte jeweils drei Monate um zu verstehen, dass ich dort nicht mehr hingehörte.
Zu groß waren inzwischen mein Freiheitsdrang und das Wissen über die Möglichkeiten eines freien Lebens.

Den Rest der Zeit lief ich durch Kölns Straßen, um die kreative Energie dieser Stadt zu inhalieren. Gehen verbindet – mit Menschen und mit Städten.

★★★

Es war Januar 2018 und mein Geburtstagsabend. Ich saß umgeben von vier Freundinnen in der Crêperie Bandeaparte (zu Deutsch: die Außenseiterbande) in der Südstadt von Köln. Es sind Freundinnen, die ihren eigenen Weg gehen. Frauen, mit denen ich mich verbunden fühle. Christina, mit der ich nach meiner Trennung nach Island flog, um Nordlichter zu sehen.
Ann-Kathrin, mit der ich meine Coachingausbildung machte. Elli, die ich im Schauspielkurs traf. Bea, die bald darauf bei mir einziehen würde.

Lea fehlte an diesem Abend, sie war krank. Ich hatte sie, kurz nachdem ich nach Köln gezogen war, auf einer Party kennengelernt. Unsere Blicke trafen sich, als sie damals zur Tür hereinkam und ich lächelte sie an.
Wir kamen bald darauf ins Gespräch. Dass ich sie damals so selbstbewusst anlächelte, weil ich sie mit jemandem verwechselt hatte, erzählte ich ihr erst später. Aus unserer Begegnung entstand eine so tiefe und aufrichtige Freundschaft, wie ich sie vorher nicht gekannt hatte.

Nach dem Essen beschließen meine Geburtstagsgäste und ich, uns noch einen Absacker zu genehmigen. Wir bezahlen und gehen hinaus in die Kälte.
Wo wir landen werden, wissen wir nicht. Wir ziehen ziellos durch die Straßen, bis Ann-Kathrin spontan vorschlägt: „Lasst uns hier mal links abbiegen."
Wir anderen, in unsere Gespräche vertieft, folgen ihr wie Schafe in eine schmale Seitengasse. Dort kommen uns zwei Typen entgegen. Wir bleiben stehen. Ich glaube nicht, wen ich sehe. Ich schaue noch einmal hin, bevor ich realisiere: Es ist Markus, mit grauen Haaren und großer Brille. Ich starre ihn an, und er mich. Die anderen spüren, dass etwas nicht stimmt, aber sie halten sich zurück. Wir stammeln ein paar Worte, an die ich mich nicht erinnere, und setzen unseren Weg fort.

„Was war das denn gerade?!", fragten meine Freundinnen verwundert. Ich sagte, dass ich mich erst einmal setzen wolle und schlug vor, dass wir in die nächst gelegene Kneipe einkehren.
Nach zwei Schnäpsen und wirren Erklärungen, die ich selbst nicht verstand, war der Abend für mich beendet.

Zwei Wochen später schrieb er mich an. Ob es nicht gut wäre, wenn wir uns nochmal treffen würden, nach all der Zeit. Unsere Begegnung konnte kein Zufall sein. Ich willigte ein.

Er kam, wie immer, zu spät zum Treffpunkt. Ich konnte darüber schmunzeln. Nach zwei Kölsch fingen wir an zu reden. Er erzählte mir, er war sichtlich verlegen, dass er seit vier Wochen wieder verheiratet sei und im April Vater einer Tochter werde.
Ich freute mich aufrichtig für ihn und war erleichtert, dass ich so fühlte. Eine große Last fiel von mir ab.

Er, er hatte sein Leben zurück, und ich, ich hatte endlich mich.

Wir erinnerten uns an Szenen unserer gemeinsamen Reisen, lachten darüber und waren dankbar für die Erfahrungen, die wir gemacht hatten. Wir hatten viel dazu gelernt, da waren wir uns ausnahmsweise einig. Auch er war nach unserer Trennung auf Reisen gegangen und war sich selbst dabei begegnet.
Über das, was damals wirklich zwischen uns geschehen ist, über die Verletzungen, die wir einander zugefügt hatten, sprachen wir nicht.

Ein paar Monate später lernte ich in Köln seine sympathische Frau und seine neugeborene Tochter kennen. Ich saß auf unserem schwarzen Sofa aus Münster und schaute auf einen Teil unserer Möbel.
Es war, als würde ich auf das Leben blicken, das ich hätte leben können, wäre ich geradeaus gegangen, statt

links abzubiegen. Das war eine gute Entscheidung. Ich glaube, am Ende für uns beide.

★★★

„Köln, meine Stadt, mein Zuhause", dachte ich zwei Jahre lang. Die Euphorie versperrte mir die Sicht. Als sie verblasste, fing ich an zu sehen.

Ich sah, dass künstlich angelegte Parks eben nur künstlich angelegte Parks sind.
Ich sah, dass Betonwände mich auf Dauer blockieren, statt mich zu inspirieren. Ich erfuhr, dass zu viele Möglichkeiten mich mehr quälen, als dass sie mich beflügeln, und dass ich mich unter einer Million Menschen einsamer fühlen kann als auf dem Meeresgrund. Und ich verstand, dass mein bester Freund nicht der war, den ich so lange in ihm sehen wollte.

Es ist früher Abend, ich sitze in unserer WG-Küche. Die Tür zum Flur steht, wie immer, halb offen. Ich weiß, in fünf Minuten wird die Wohnungstür aufgehen und mein bester Freund und Mitbewohner wird schnurstracks an der Küche – und an mir – vorbeieilen, um in seinem Zimmer zu verschwinden. Dort wird er Alexa begrüßen.

Dass ich das weiß, liegt nicht etwa an meinen hellseherischen Fähigkeiten. Nein, der überdimensionale Kochtopf, der neben dem Herd steht, verrät es mir. Er dampft und brodelt vor sich hin, und die digitale Anzeige zeigt noch fünf Minuten Restzeit an.

Springt die Zeituhr auf null, geht bald darauf die Wohnungstür auf, und er kommt heim. Diesen Zusammenhang habe ich mittlerweile begriffen.
Ich glaube, er steuert den Kochtopf mit seiner Armbanduhr, mit der er auch manchmal spricht. Mir ist das alles unheimlich, deshalb frage ich lieber nicht.

Der Countdown läuft. Noch 30 Sekunden – neben dem Kochtopf brodele nun auch ich. Noch zehn Sekunden, fünf, vier, drei, zwei, eins. Die Wohnungstür geht auf, und er läuft an mir vorbei.
„Alexa, ich bin zu Hause", tönt es aus seinem Zimmer. Die schummrige Zimmerbeleuchtung geht an, und die Musik fängt an zu spielen.
Alexa macht das für ihn. Natürlich. Die Schlampe.

Ich schleiche enttäuscht in mein Zimmer und schließe die Tür hinter mir.

Als wir einzogen, sprach er von Familienzusammenführung, doch bald fühlte ich mich wie ein Störgeräusch in den eigenen vier Wänden. Seine prickelnden Worte wurden schal wie Champagner, weil seine Handlungen das Gegenteil bezeugten.
Bis auf Miete und Haushaltsgeräte teilten wir nicht viel. Wir zogen als beste Freunde zusammen, um herauszufinden, dass wir uns in Wahrheit fremd waren.

„Zieh bitte aus", bat ich ihn nach einem Jahr.

Es war verrückt: Ich vermisste ihn nicht. Die Wahrheit brachte den Schatten ins Licht.

Das Wort „Ent-Täuschung" bekam eine neue Bedeutung für mich.

★★★

„Vervollständigt diese Einleitung, ohne darüber nachzudenken", bittet uns Birgit, unsere Kursleiterin, und gibt jedem von uns einen Zettel in die Hand.
Seit drei Tagen sitze ich nun schon, zusammen mit acht anderen Frauen, in diesem Seminarraum auf Wangerooge und genieße den Panoramablick aufs Meer.

Der Blick in die Weite sollte mir dabei helfen, ins Schreiben zu kommen. Ich wollte endlich die Geschichte über meine Wanderung erzählen.
In Köln hatte das bisher nicht klappen wollen. Also war ich mit der Hoffnung im Rucksack angereist, dass es in dieser Umgebung besser funktioniert.

Fehlanzeige.

Seitdem ich hier bin, fühlt sich mein Innerstes an wie ein brodelnder Vulkan, der kurz vor dem Ausbruch steht, sich aber nicht traut. Ich kriege keinen vorlesbaren Text zustande. Was ist bloß mit mir los?
Irgendwas will raus, ich spüre das. Offensichtlich ist es aber nicht das, was ich will.

Ich lese den Text, der auf dem Zettel steht:

„Eine Frau verlässt ihren Heimatort, an dem sie geboren und aufgewachsen ist (oder an dem sie lange

gearbeitet hat), und kauft ein Haus an einem neuen Ort, ihrem Sehnsuchts- und Wohlfühlort.
Dieser Ort liegt in einer Landschaft, die der Frau ganz und gar entspricht, und die das Beste in ihr zum Vorschein bringt. Die Frau ist überzeugt davon, dass es für jeden Menschen einen Platz gibt, der zu ihm gehört. Ihrer ist perfekt für sie, dort gibt es …"

„… dort gibt es Wälder und Heide und ganz viel Weite. Es gibt Moos und hellen Sand. Es gibt Wasser und Quellen …", fließt es ganz selbstverständlich auf mein Papier.

Ohne, dass es mir in dem Moment bewusst war, beschrieb ich voller Enthusiasmus die Natur meiner Heimat.

Als ich mit meinem Text fertig war, war klar:

Ich will nach Hause! Ich vermisse die Natur und die Weite, mit der ich aufgewachsen bin.

Es wurde still in mir, das Brodeln war vorbei. Ich wollte es die ganze Zeit nicht wahrhaben. Köln war doch so viel cooler als Ostwestfalen.

Von diesem sehr sanften Vulkanausbruch bis zu meinem Umzug in die Heimat dauerte es keine drei Monate.

★★★

Der Sog, den Köln auf mich ausübte, wirkte noch lange nach. „Geh zurück", flüsterte mir eine Stimme immer wieder zu. „Hier ist es viel zu langweilig.

Du gehörst in die Stadt." Oft setzte ich meine Hündin Ronja und mich dann ins Auto und fuhr uns nach Köln.

Es ist Nachmittag und ich bin wieder dieser Stimme gefolgt. Ich sitze in einem Café am Chlodwigplatz in der Kölner Südstadt. Eine perfekt gestylte Frau mit langen Haaren, langem Mantel und langen Beinen, die sie mit ihren unbequem ausschauenden Highheels betont, läuft an mir vorbei. Ich beobachte eine Aerobic-Trainerin mit perfektem Körper, den sie in bauchfreiem Top und engen Leggins präsentiert.
Ich sehe eine Reihe von jungen Menschen, die scheinbar alle dasselbe tragen: weiße Sneakers, schwarze, enge Jeans, und ein beiges, locker fallendes Hemd darüber. Ihre Gesichter kann ich mir nicht merken. Sie verschwimmen hinter ihren Uniformen.

„Das hier ist alles eine große Inszenierung", denke ich plötzlich. „Ein Theaterstück vor einer Fassade aus Pappmaché, die täuschend echt aussieht."

Die Perspektive, aus der ich auf die Stadt blickte, veränderte sich in diesem Moment. Ich wollte nicht länger Teil dieser Inszenierung sein. Plötzlich saß ich im Zuschauerraum, schaute auf die Bühne und ließ mich unterhalten und inspirieren.

Jetzt konnte ich das Theaterstück jederzeit verlassen, sobald ich genug davon hatte, und nach Hause zurückkehren.

★★★

Heute habe ich eine Wohnung im Dachgeschoss meines Elternhauses. Ich teile sie mit Menschen, die übergangsweise ein Zuhause brauchen.

Vor dem Frühstück stehe ich mit einem Kaffee auf der Wiese hinter dem Haus und atme die klare, frische Luft. Ich gehe täglich mit meiner Hündin Ronja spazieren, um meine Gedanken zu sortieren.

Ronja war in Kroatien aus einer Tötungsstation gerettet worden und hatte vor allem eines: Angst vor Menschen. Und ich hatte Angst vor ihr.
In den ersten vier Wochen war mir abwechselnd heiß und kalt geworden, weil ich es nach drei Jahren absoluter Freiheit nur schwer ertragen konnte, plötzlich dieses liebesbedürftige Wesen an meiner Seite zu wissen.
Immer wieder spielte ich in Gedanken durch, wie ich sie an die Tierschutzorganisation zurückgeben und ihnen erklären würde, dass wir einfach nicht miteinander warm würden.

Ronja sah das anders. Nachdem sie sich eine Woche unter meinem Bett versteckt hatte, beschloss sie, nicht mehr von meiner Seite zu weichen.
Sie ließ sich von niemandem außer mir anfassen, füttern oder ausführen und fing auf der Stelle vor Stress an zu sabbern, wenn ich auch nur den Versuch machte, den Raum ohne sie zu verlassen.
Ronja und ich sind inzwischen unzertrennlich und wir lernen viel voneinander. Sie bringt mir bei, kleine Schritte zu machen und nicht zu viel von mir und anderen zu erwarten.

Ich zeige ihr, dass Menschen doch ganz OK sind und sie ein gutes Leben verdient hat.

Im Sommer planschen wir in Bächen. Ich liege in der Hängematte unter Apfelbäumen, blicke auf weite Felder und habe nichts zu versäumen. Hasen, Igel und Libellen kommen oft vorbei.
Ich begrüße sie fröhlich, statt in leere Gesichter von Menschen zu sehen, die in der Straßenbahn stehen und ihre Seelen mit Musik aus Kopfhörern betäuben.

In meiner Küche steht ein alter Teekessel. Teekessel dehnen die Zeit und verlängern das Leben, so wie das Gehen. Ich backe mein eigenes Brot und bewirtschafte einen kleinen Garten.
Dieses Jahr gibt es Zucchini, Kürbisse und Salat. Meine Wäsche riecht nach Wind und Sonne, weil ich sie draußen trockne. Manchmal riecht sie auch nach Gülle. Mein Schreibtisch steht vor einem großen Fenster mit Blick in die Weite. Erst hier kam ich wirklich ins Schreiben.

Hier ist meine Aufladestation. Hier können meine Wurzeln wachsen, denn hier ist der Boden, den sie dazu brauchen. Und meine Baumkrone kann sich in den Himmel strecken.
Von hier kann ich immer wieder ausfliegen, um neue Abenteuer zu erleben.

Ich bin wieder zehn Kilogramm mehr ich. Meistens fühle ich mich wohl damit. Manchmal auch nicht.

★★★

Ich bin noch dabei meinen Platz in dem Haus zu finden, in dem ich aufgewachsen bin.

Immer wenn es mir zu eng wird, spiele ich mit Fluchtgedanken. Doch ich weiß, dass weglaufen nichts bringt. Tief in mir drin weiß ich, dass ich zur richtigen Zeit am richtigen Ort bin.

Manchmal fühlt es sich zwischen meinen Eltern und mir an, als prallten zwei Planeten aufeinander. Dabei brechen alte Wunden auf, die nie richtig verheilt waren. Das tut weh und ist trotzdem so heilsam. Mit Geduld und Liebe entstehen neue Welten daraus.

★★★

Ich war nie wie die anderen. Das ist OK. Je mehr ich mir erlaube, ich zu sein, desto verbundener fühle ich mich.

Wo mich mein nächster Schritt hinführt, weiß ich noch nicht. Ich werde ihn gehen, wenn ich bereit dafür bin.

EPILOG

Als ich begann, meinen Weg zu gehen, hörte ich auf zu kämpfen. Ich stieg langsam hinab zum Ufer und begab mich in den Fluss meines Lebens. Ich begann, gegen den Strom der Schwärme aber mit Strom des Vertrauens zu schwimmen.

Nun sehe ich in Gesichter von Menschen, die die anderen nicht sehen, und höre Geschichten von Leuten, die die anderen nicht verstehen. Es sind Geschichten vom echten Leben.

Mein Leben ist nicht leichter geworden, aber jetzt fühlt es sich lebendig an.

Das Heute ist, weil gestern war. Ich bin dankbar für jeden Tag.

♥ ♥ ♥

Ich bin glücklich, dass du mein Buch gelesen hast.

Wie hat es dir gefallen? Hast du Fragen oder möchtest etwas anmerken? Ich freue mich über deine Nachricht!

Du erreichst mich unter
mail@aufbruchohnepfefferspray.de.

Ich habe dieses Buch völlig unabhängig geschrieben und finanziert. Es stecken eineinhalb Jahre Arbeit und mein ganzes Herzblut darin. Ich freue mich, wenn du Menschen davon erzählst, denen meine Geschichte Mut machen könnte.

Mehr Informationen zu mir findest du hier:
www.brittaduesterhus.de.

ISBN 978-3-7529-9371-4
9 783752 993714 00002
www.epubli.de